Mann o(h) Mann!

Heidi Hahn

Mann o(h) Mann!

Heidi Hahn

Im Dschungel der Beziehungshelfer- und Männerver-
steher-Literatur bietet „Mann o(h) Mann" endlich die
ultimative wie augenzwinkernde Aufklärung: Männer-
Typen, prägnant und unnachahmlich charakterisiert in
Versen, die voll ins Schwarze und auf die Lachmus-
keln treffen. Schnell und sicher findet man so den
„richtigen Mann". Wissenschaftlich zwar nicht ganz
ernst zu nehmen, aber garantiert mit jeder Menge
Wiedererkennungs-Wert! Ideal für Frauen in und nach
Beziehungskrisen, aber auch für all jene, die sich der
„Schwächen" ihres Partners sehr wohl bewusst sind.
Und diese nicht nur mit der Freundin diskutieren, son-
dern ihm als kleinen Reim auf den Nachttisch legen
wollen. Schließlich sollen die Gedichte einfach so sein,
wie unsere Männer…Manche Frau schmunzelt,
manche kichert, manche findet ihren Traummann und
mancher Mann wird sich selbst erkennen. Oder
zumindest seinen besten Freund. Und alle werden
beim Lesen nicht nur einmal ausrufen: „Mann o(h)
Mann!"

Heidi Hahn hat sich seit vielen Jahrzehnten der Kunst
wie dem Wort verschrieben. Als ehemalige Rund-
funkredakteurin, Kulturveranstalterin und immer wieder
auch als Verfasserin von Romanen, Kurzgeschichten
und Gedichten sowie als Künstlerin und Kuratorin.
Seit vielen Jahren eröffnet sie ihre Ausstellungen mit
erkenntnisreichen Gedichten und hat sich so längst
eine Fangemeinde erarbeitet.

© 2025 Heidi Hahn für alle Texte
www.heidihahn.de

ISBN: 978-3-8192-9485-3

Verlag: BoD · Books on Demand GmbH, Überseering 33,
22297 Hamburg, bod@bod.de
Druck: Libri Plureos GmbH, Friedensallee 273,
22763 Hamburg

Inhalt

Der Fernsehglotzer

Im Durchschnitt glotzt fast jeder Mann
sooft er kann die Glotze an.
Doch so etwas kann pervertieren
und er dabei degenerieren.

Sein Blick wird starr und fast quadratisch,
sein Zustand wird bedrohlich statisch.
An sich hat er ein schlichtes Wesen,
nur eines tut er niemals: lesen.

Er geht auch nicht mit Ihnen aus
und wenn, verlässt er nur das Haus,
wenn das Programm gut vorstudiert
und der Recorder programmiert.

Ansonsten ist er pflegeleicht,
weil er ja nur im Kreise schleicht
vom Sofa hin zu Küch' und Klo
und dann zurück voll Freud und froh

und wieder rauf aufs Sofa dann
- natürlich ist die Kiste an.
Der Fernsehglotzer spricht nicht gern,
er sieht viel lieber ständig fern.

Wenn Sie was sagen, hört er's nicht,
er ist nur auf's TV erpicht.
Sagt anfangs er noch: b i t t e still,
wenn sie ihm etwas sagen will,

was ihn doch gar nicht int'ressiert,
weil er in seine Glotze stiert,
so wird der Ton dann bald schon herber
und auch die Streits, die werden derber.

Er hat im Job genug gesprochen
und will jetzt seine müden Knochen
in Richtung Bildschirm arrangieren
und nicht mit ihr kommunizieren.

Da kann sie weinen und auch klagen,
er hat ihr einfach nichts zu sagen.
Am Anfang gibt er noch groß an,
was man mit ihm so alles kann.

Wenn erste Küsse ausgetauscht
und man von Liebe kurz geplauscht,
dann ist's vorbei, die Klappe zu
und er will nur noch seine Ruh.

Dann strebt er Richtung Amazon
und bettet seine Glieder schon
entspannt vor Sky oder Netflix
und will von Ihnen: nada, nix.

Falls irgendwann Sie zu ihm zieh'n,
dann sehen Sie genauer hin!
Ist alles ums TV gruppiert?
Bierflecke ins Parkett graviert?

Kann er sich nur noch schlecht bewegen?
Und ist das Sofa durchgelegen?
Die Fernbedienung abgeschliffen?
Die Fernsehzeitung abgegriffen?

Zittert seine Hand,
wenn's nicht flimmert an der Wand?
Wo der Screen die Wand verziert
und alles im Raum dominiert?

Doch, falls der Mann zu Ihnen zieht,
dann achten Sie drauf, w i e er sieht.
Meist fängt's auch da ganz harmlos an,
erst nur die Sportschau, hintendran

wird dann ein Spielfilm angehängt,
dieweil er nach 'ner Serie drängt.
Die glotzt man dann ohn' Unterlass
und kennt gar keinen andern Spaß,

als stieres Starren einzig noch;
die Krisis entsteht meist jedoch,
wenn er dann auch nach Werbung schnappt
und quer durch die Kanäle zappt.

Den Mann zu kriegen ist sehr leicht,
die Flimmerkiste meist schon reicht.
In Härtefällen schafft "Frau" dann
sich halt ein Netflix-Abo an.

Schon ham'se ihn im Sturm genommen.
Es fragt sich nur, was ist gewonnen?
Er ist so schrecklich fad und lahm
lebt nur für sein TV-Programm.

Das hält man nur aus ohne Fluchen,
tut man sich 'nen Geliebten suchen.
Oder Sie geh'n. Er nimmt's nicht krumm.
Er schaltet höchstens einmal um.

Der Star

Schauspieler ist er oder Sänger
und hat meist grad den großen Hänger,
wenn er Sie zu 'nem Drink einlädt
beim Kennenlernen, ziemlich spät

in einer Kneipe oder Bar
finden Sie ihn gleich wunderbar,
und tun sich schwer in ihn verrennen,
obwohl Sie ihn noch gar nicht kennen.

Wie er da sitzt, mit wirrem Haar
und Ihnen sagt, er wird ein Star,
und Ihnen seinen Durchbruch schildert,
- Dank Alkohol ziemlich bebildert -

sollten Sie schnell vor ihm fliehen,
denn er wird Sie nach unten ziehen,
Sie werden trinken, Kette rauchen
und dafür sehr viel Kohle brauchen.

Sie werden in der Szene sein
und ziemlich selten mal daheim,
Sie werden irre Dinge machen
und irgendwann dann mal erwachen,

Doch bis dahin sind Sie verzückt,
benehmen sich grad wie verrückt,
weil er so unkonventionell;
dabei hat er ein dünnes Fell,

ist so sensibel und empfindlich
und so spontan und auch so kindlich
und jähzornig und trinkt sehr gern,
dieweil er wartet, dass sein Stern

am Künstlerhimmel doch noch strahlt.
Doch Sie sind die, die für ihn zahlt,
was er so trinkt und was er isst,
seitdem er eingezogen ist

in Ihre Wohnung, in Ihr Heim;
die Arbeit haben Sie allein.
Kaum fragt man ihn nach Brot und Lohn,
dann kriegt er seine Depression.

Die Welt ist schlecht dann, und er gut
dieweil er ewig warten tut
auf die ersehnte, ach so tolle,
imaginäre Titelrolle.

Er denkt nicht oft ans Geldverdienen.
Er läuft auf traumverhang'nen Schienen.
Und dankbar wird er niemals sein;
er lässt Sie irgendwann allein.

Er wird ganz plötzlich Sie verlassen,
denn große Szenen tut er hassen.
Er sagt, Sie hindern die Karriere
als viel zu häusliche Barriere.

Auch wenn Sie nächtelang dann wach -
- weinen Sie ihm ja nicht nach!
Das ist der Bursche gar nicht wert.
Er wärmt sich schon am nächsten Herd.

Er wechselt grasend gern die Schonung
- das heißt, die Freundin und die Wohnung.
Kaum drängt man ihn, schon ist er fort,
gastiert alsbald am andern Ort

mit dieser Rolle seines Lebens,
und es ist ganz und gar vergebens,
ihn irgendwie ganz fest zu binden,
denn er wird stetig Frauen finden,

die sponsern ihn, auf ihre Kosten,
dieweil er sitzt auf faulem Posten.
Sie merken irgendwann verdutzt,
er hat Sie stets nur ausgenutzt!

Der Macho

Das ist der Mann, den jede will,
doch jeder wird er mal zu viel,
wenn sie ihn lang genug gehabt
und stets in seinem Schatten tappt.

Er ist so schön und weit gereist,
er ständig nur vom Besten speist,
er stets im neusten Outfit taumelt,
dieweil sein Hirn auf Halbmast baumelt.

Er trägt das Haar in schicken Längen,
tut schwer mit Düften Sie bedrängen
und hat ein Lächeln, das er hegt,
weil es die stärkste Frau erlegt.

Im Winter ist er meist erkält'
- das liegt dran, wie er sich verhält,
wenn Eis und Schnee auf Straßen friert,
weil seinen Hals kein Schal dann ziert.

Der würd' den Busen ihm bedecken
und diesen will er nicht verstecken,
trägt seine Haare auf der Brust
stets stolz zur Schau mit großer Lust.

Falls oben er kaum Haare hat,
erträgt er auch ein Implantat.
Er meint, dass solang jung an Jahren,
er seine Schönheit müsse sparen,

für eine, die genauso schön –
doch selten wird das auch gescheh'n,
so lang er spielt den jungen Recken
und Frauen hat an allen Ecken.

Wenn er, der Disco lang entrückt
und immer noch dann ganz verzückt
im Sportcoupé die Frau'n anröhrt,
auf dass er mit PS betört.

Er selber fühlt sich niemals schmählich,
er denkt, er sei unwiderstehlich.
Dasselbe denkt er auch beim Sport
und fährt drum unaufhörlich fort,

Tennis und Badminton zu spielen,
beim Golf auf Gras und Loch zu zielen.
In den besonders schweren Fällen,
da findet man ihn auf den Wellen

mit wasserstoffgebleichtem Haar
und dunkelbraun, gleich, wann im Jahr.
Der Surfer ist die Macho-Krönung;
er sieht sich selber als Verschönung

der Welt und als das beste Wesen,
dabei kann er oft kaum recht lesen
und wird auch rechnend nicht recht froh,
doch das ist stets beim Macho so.

Das liegt an seinem weichen Hirn,
das hinter seiner Macho-Stirn
kaum Platz hat, dass es richtig denkt
und das drum alle Kräfte lenkt,

dass sie im Körper sich vereinen
in einem unbewussten kleinen
und dunklen Fleck, der sich geniert,
weil für Instinkt er reserviert.

Instinktgesteuert lebt er nur -
von Kopfgeburten keine Spur!
Und trotzdem soll's noch Frauen geben,
die wollen nur mit jenem leben,

der stetig Richtung Spiegel schmachtet,
weil er sein Spiegelbild betrachtet.
Wenn Sie nicht grad Miss Germany,
dann kriegen Sie den Macho nie.

Falls Sie sich trotzdem nach ihm sehnen
will ich hier einen Trick erwähnen:
Sie dürfen nicht schmachten und nicht fluchen,
Sie müssen sich 'nen Lover suchen!

Denn Konkurrenz ist seines nicht
- und schon ist er auf Sie erpicht.
Drum läuft er Liebes-Amok dann:
Schon haben Sie den Machomann!

Der Softie

Der ist nun wirklich megaout,
der Mann, der nie voll Zorn und laut,
der stets nur leis' und freundlich lacht
und niemals etwas Böses macht.

Man findet ihn, im Aug' 'ne Träne,
beinahe in fast jeder Szene.
Mit ihm kann Ihnen nichts passieren,
denn er will alles diskutieren.

Bevor er handelt, wird gedacht,
ein Arbeitspapier kurz gemacht,
und eh' er dann was unternimmt,
wird erst mal schnell noch abgestimmt.

Er ist so unsicher und zahm,
fängt nie was von alleine an,
nur, wenn Sie Ihren Segen geben,
wird irgendwann er sich bewegen.

Er ist gediegen und manierlich
und eignet drum sich ungebührlich
für Feste, die lang und ausführlich
und steif und doof und unnatürlich.

Er liebt den langen Winterabend,
wo man, an einem Tee sich labend,
Spiele spielt in trauter Runde,
freudig bis zu später Stunde.

Er trägt gern selbst gestrickte Sachen,
tut manche sogar selber machen;
er tut auch vegetarisch essen
und hat die Umwelt nicht vergessen.

Er liebt BI's und auch Vereine,
denn da weiß er, dass er, der kleine
und unscheinbare brave Mann
auch irgendwas bewirken kann.

Langeweile ist ihm fremd,
doch er verströmt sie ungehemmt.
Einst war er 'ne besond´re Sorte,
dann fand man ihn an jedem Orte.

Tun Sie ihn höchstens an sich binden,
wenn S i e partout nichts and'res finden,
dann laden Sie ihn zu sich ein,
zu Zwiebelbrot und rotem Wein;

erst lehnen Sie sich an ihn an,
doch nach dem Wein, da geh'n Sie ran:
Sie sagen ihm, dass Sie ihn lieben,
dann müssen Sie das Küssen üben.

In sowas ist er selten gut
- er lieber diskutieren tut.
Anschließend sprechen Sie sich aus,
dann schleicht er müd' zu sich nach Haus

und liest bei Freud erst einmal nach,
ob denn zu stark oder zu schwach
die Bindung sei, die Sie nun haben,
mit diesem überweichen Knaben.

Doch hat sie damit nichts gemein,
sie wird nur schlicht langweilig sein.
Er ist kein Buch mit sieben Siegeln,
doch wird er Ihre Wäsche bügeln,

wird drum bald unentbehrlich sein
in Ihrer Welt, die dann sehr klein.
Und weil ans Haus er sich gern bindet,
der Freundeskreis allmählich schwindet.

Denn viele wollen was erleben,
statt Milchgläser mit ihm zu heben
beim Halmaspiel am Küchentisch
mit einem Kuchen, den er frisch

für den Besuch noch zubereitet,
dieweil grad der Besuch sehr leidet
bei diesem Biedermeiermann,
der irgendwie halt gar nichts kann,

was and're Männer int'ressiert.
Deshalb, wenn Ihnen e r passiert,
dann lassen Sie den Haushalt liegen,
und schau'n Sie, dass Sie Abstand kriegen!

Der Bodybuilder

Der Bodybuilder ist ein Mann,
der meistens selbst kein Englisch kann.
Drum nehmen wir es hier genauer
und sprechen drum vom Körper-Bauer.

Er hat meist ziemlich kurze Haxen,
wird breiter dort, wo Muskeln wachsen
hüftaufwärts ist das meist hauptsächlich
meint einer, der nur oberflächlich

den Körperformer sich betrachtet
und nicht auf and're Muskeln achtet.
Er hat ein einfaches Gemüt,
ist stets um die Figur bemüht.

Damit die Muskeln richtig sprießen,
isst Eiweiß er und tut's begießen
mit Wasser voller Mineralien
und regt sich auf über Lappalien

wie, wenn die Haut nicht richtig glatt,
weil er zu viel getrunken hat.
Ansonsten wirkt er eher dicklich
und auch ein bisschen ungeschicklich,

wenn er die Arm' vom Körper hält,
damit er nicht aufs Näschen fällt,
falls er ein Stück zu Fuß mal geht
und seine Massen fortbewegt.

Er geht nur aus, um zu Posieren;
und manches Mal auch zum Massieren.
Gegen den Hunger und für's Builden
und auch für den selt'nen, wilden

nächtlich-sexuellen Willen
gibt es viele bunte Pillen.
Die schluckt er, auf dass er gefällt,
wenn er sich aus der Hülle pellt.

Wenn Ihnen solche Muskeln liegen,
dann lassen Sie ihn für sich siegen;
schwärmen Sie wild, er sei der tollste
und sein Bizeps der allervollste.

Sein Herzmuskel wird höher schlagen
und er wird auch ein Küsschen wagen.
Danach kommt nichts, als großes Schweigen.
denn er will stets nur Muskeln zeigen

und steht deshalb ja unter Pillen.
Da hört nichts mehr auf seinen Willen.
So dass er, trotz der ganzen Kraft,
ein Mann zu sein oft nicht mehr schafft.

Der Fels in der Brandung

Grad diesen Mann tut jede sehnen,
um zart sich an ihn anzulehnen,
an ihn sich völlig zu verschenken,
denn er wird schon das Schicksal lenken.

Er ist der Fels im Lebensmeer
und hinter ihm ist jede her.
Stets ist er ruhig und Herr der Sach',
was ihn unwiderstehlich macht.

Zwar geben grad moderne Frauen
nicht zu, dass sie nach jenem schauen.
Doch meistens sind es grade jene,
die, meistens aus der Frauenszene,

mit einem Schlag sind ganz verwandelt,
wenn er mit ihnen angebandelt.
Er ist meist ungemein belesen,
und kennt oft prominente Größen,

er weiß auch, wo man nobel speist,
ist ungeheuer weit gereist,
er ist der Lover und der Lehrer,
der Vater und auch der Verehrer;

er eint all dies in seiner Brust
und auch noch sehr viel Lebenslust.
Er ist im Job autoritär
und ganz privat ein Schmusebär.

Er gerät selten laut in Wut,
meist lächelt er nur herzensgut,
dieweil er manch' Entscheidung fällt
und durchsetzt sich in dieser Welt.

Er siegt in allen Lebenslagen
und hat auch wirklich was zu sagen;
mit ihm kann man die Nacht durchquatschen
und er denkt nicht mal ans Betatschen.

Das heißt nicht, dass er Sie nicht liebt,
nur, dass es für ihn viel mehr gibt,
als Liebe, Sex und das TV
und dass er achtet seine Frau.

Doch wer so stark in jeder Lage,
der wird ganz ungewollt zur Plage,
weil eine Frau mit so 'nem Mann
zum Schluss meint, dass sie gar nichts kann,

weil er halt immer so vollkommen,
dass man zumeist nur sehr benommen
und schwach in seinem Schatten schwebt,
sich anlehnt und nicht selber lebt.

Man kann, wie and're Männer ihn
nicht einfach zum Altare zieh'n.
Doch, wenn er sich entschieden hat,
dann schreitet er sehr schnell zur Tat.

Dann tut gezielt er sie umwerben,
damit Sie Mutter seines Erben.
Doch will er nicht, dann hilft kein Sehnen.
Dann müssen Sie 'nen andern nehmen!

Das personifizierte Elend

Er glaubt, dass ihn das Leben hasst,
und dass er nur etwas verpasst,
wenn er mal richtig glücklich ist
und seinen Weltschmerz ganz vergisst.

Denn diesen braucht er sehr zum Leben –
es tut für ihn nur eines geben:
Sein schweres Los, des Schicksals Schlag
und wissen, dass ihn keiner mag,

weil er so anders und so schlecht.
Dabei macht's i h m halt keiner recht.
Er hat ein Bild von seinem Leben
Darin tut's nur das Elend geben.

Wer Licht hineinbringt wird vernichtet,
weil dies das Grau zu sehr belichtet.
Er fährt auf eingefahr'nen Gleisen
und tut sich lebenslang bescheißen.

Er wälzt Gedanken her und hin,
sucht nach des Lebens tiefem Sinn,
weil er sich sicher, dass sein Leben
nur ein Verseh'n - ein Fehler eben.

Drum kämpft er tapfer - ohne Lachen
und will stets alles richtig machen.
So funktioniert er brav und bieder
Und macht dabei halt immer wieder

denselben Fehler, uneinsichtig
dieweil er denkt, grad dies sei richtig:
Er lauscht, was and're von ihm denken,
tut danach seine Taten lenken,

versagt sich stets, was tief er will -
niemals steht sein Gewissen still.
Kaum, dass er einmal kurz zufrieden,
hat er für sich still schon entschieden,

sieht als Problem sich, als kein kleines
und all sein Schicksal als gemeines.
Sein Selbstwert oft daran zerbröselt,
wenn er so viel Gedanken dröselt

und glaubt, er darf auf dieser Erden
niemals so richtig glücklich werden.
Und fürchtet drum den dumpfen Schmerz,
wenn ab und zu sein kleines Herz

verwirrt, verliebt sich pochend schüttelt,
weil dann sofort das Hirn vermittelt:
Was anders ist, das ist nicht fein,
was schmerzt, kann nur ein Fehler sein.

Und schon kommt er zu jenem Schluss:
Dass das berichtigt werden muss,
dass hier ein Rückzug angebracht,
eh dieses Herz total entfacht.

Drum ist's mit diesem Typ sehr schwer:
Man muss ihn lieben doppelt sehr,
einmal für sie, dann noch für ihn.
Dann kommt's mit viel Glück grad so hin.

Er muss viel lernen, eh er sieht,
wofür man ihn so schrecklich liebt:
Zum Beispiel, dass, was er auch treibt,
er trotzdem stets einmalig bleibt.

Er zögert trotzdem und denkt bloß:
Ob dies ein Fehler und wie groß.
Doch wenn Sie sehr viel investiert,
beginnt die Phase, die rentiert.

Denn kaum, dass er sich selber mag,
genießt er jeden neuen Tag
und schafft's - auch wenn er's nicht kann fassen,
das Glück ganz einfach zuzulassen.

Der Morgenmuffel

Morgens, gegen elf herum,
dreht er sich noch einmal um,
wenn Sie ihn ganz in Ruhe lassen,
denn Morgenstunden tut er hassen.

Er schläft den Rest bis eins, halb zwei,
dann steht er auf und schweigt dabei.
Das Schweigen dauert fünf, sechs Stund,
drum macht er meist erst auf den Mund,

wenn grad die Sonn' wieder verschwind'
und Sie schon ziemlich müde sind.
Er liebt es, Stunden zu verträumen,
hat niemals Angst, das zu versäumen,

was andere so Leben nennen,
er tut nur eine Sehnsucht kennen:
So lang die Morgensonne lacht
im Bett so tun, als sei's noch Nacht.

Und - dahin geht sein ganzes Sehnen,
den Schlaf dann weiter auszudehnen.
Deshalb tun auch die meisten Frauen
verschreckt nach einem andern schauen,

wenn nach der ersten Liebesnacht
ihm zum Aufsteh'n fehlt die Kraft.
Doch es gibt Frauen, die da meinen,
er schlafe aus genial-geheimen

und ganz besonders edlen Gründen
und tun recht schick das deshalb finden.
Doch ist ihm stets sein Kopf so leer,
dieweil er wiegt fast zentnerschwer,

auf diesen müden Schultern hängend
und permanent nach Ausruh'n drängend.
Der ganze Körper ist phlegmatisch
drum liegt er meist, was nur pragmatisch,

im Bett der Länge nach gestreckt,
wo man ihn stets zu spät entdeckt,
obwohl man tausendmal geweckt
den, der bis oben zugedeckt.

Er ist so müd', fast immerzu
und will drum ständig seine Ruh;
am Wochenend´ bleibt er zuhaus'
und schläft sich erst mal richtig aus.

Nie wird er vor Begeist'rung toben,
nie schafft energisch er's bis oben.
Er bleibt stets unt'res Mittelmaß
und gar nichts macht ihm wirklich Spaß.

Er wird nie einen Vorschlag machen
und nie zufrieden glücklich lachen.
Mit ihm zu leben ist zerstörend.
Er ist zwar in der Nacht betörend,

doch kaum erscheint des Tages Licht,
er schon kaputt zusammenbricht
und wartet, so wie Dracula,
dass bald die Abendstunden nah.

Und legt sich flach und schläft schnell ein.
So ähnlich wird Ihr Leben sein,
wenn Sie mit jenem Mann nachts festen
und ihn bei Tag nicht vorher testen.

Der Schöne

Ihn kriegen, das ist kaum zu schaffen,
denn er liebt eines nur: Das Gaffen
auf das, was es im Spiegel gibt,
ist in sein Spiegelbild verliebt.

Er geht nur aus, um sich zu zeigen,
tut freundlich auch sein Haupt mal neigen,
wenn schwache Frauen ihn begrüßen
und niedergeh'n zu seinen Füßen.

Dabei verbirgt er mit viel Charme,
dass er ansonsten ziemlich arm.
Denn so viel Schönheit wird gepflegt
und so ein Body wird bewegt

und UV-A und -B bestrahlt
egal, was er dafür bezahlt.
Das ist ihm seine Schönheit wert,
viel eher noch, als Heim und Herd.

Erst wenn er einmal alt und grau
sucht er - wenn überhaupt - 'ne Frau.
Jung, langes Haar und glatte Haut,
dieweil er selbst stark abgebaut.

Er ist ein krankhafter Narziss
und alles an ihm ist Beschiss.
Er lebt nur für die äuß're Hülle
und findet nie des Lebens Fülle.

Drum sei'n Sie froh: Nur ohne ihn,
kriegt Ihr Leben einen Sinn.
Bedauern Sie die junge Schöne,
die ihn auch sehn muss ohne Zähne,

die ihm sein Mieder enger zieht,
die er nur Dank 'ner Brille sieht,
die Schönheitsmasken ihm aufkleistert,
und seine Midlifecrisis meistert.

Er braucht die Frau, die jung und heiß
doch einzig als Potenzbeweis.
Und sie erträgt die Pflegequal,
weil er ihr ganzes Kapital.

Er meint, das Alter kriegt ihn nicht,
man sei noch sehr auf ihn erpicht
und will noch immer Traummann sein
- und ist und bleibt ein armes Schwein.

Der ewige Junge

Wenn Sie nicht voller Kraft und Mut,
geht es mit diesem niemals gut;
Sie werden's schon am Anfang merken:
Er tut sehr gern zuhause werken.

Er spielt mit seinen Autos noch,
die sind zwar größer jetzt, jedoch
wird nie die Frau die erste sein,
erst kommt das Spiel, dann Mamilein.

Stets will er Neues ausprobieren,
doch tut er schnell die Lust verlieren.
Auch mit den Frauen macht er's so:
erst ist er glücklich, doch oho,

kaum, dass er etwas hört von Pflicht,
dann ist er fort, das will er nicht.
Das Schlimmste ist nicht, ihn zu kriegen,
das tut sich von alleine biegen;

das Schlimmste ist an diesem Mann,
dass man ihm niemals bös sein kann.
Er stürzt sich überall hinein,
dann muss es schnell was and'res sein.

Er gibt sein Geld blauäugig aus,
füllt mit der Zeit das ganze Haus
mit Werkzeug und mit Eisenbahnen
und tun Sie ihn auch deshalb mahnen

und wenn Sie ihm auch böse sind,
er sammelt krankhaft, wie ein Kind.
Deshalb wird's stets am Gelde mangeln;
auch könnt er sich 'ne Freundin angeln,

denn für ihn ist das alles Spiel.
Es macht ihm drum auch nicht sehr viel,
wenn Sie ihn schimpfen und ihn schelten -
er lebt halt gern in ander´n Welten.

Sie brauchen Nerven dick wie Seile,
doch selbst die reißen nach 'ner Weile.
Er denkt niemals, er handelt bloß,
ist stets wie von der Kette los.

Und tragen Sie sich dann und wann
mit dem Gedanken, diesen Mann
durch einen Mord zur Ruh zu bringen,
tut Sie sein Lächeln gleich bezwingen.

Er schaut mit großen, treuen Augen
und wird Ihr Herz von Neuem rauben.
Er wird's zwar nie zu etwas bringen,
doch seine Worte stets gut klingen.

Drum machen Sie sich's nicht so schwer,
und nehmen Sie ihn nimmermehr!
Sie ärgern lebenslang sich bloß,
und kommen doch nie von ihm los.

Der Schweigsame

Er schleicht sich in ihr Leben ein.
Sie fragen sich: Wie kam er rein?
Sie fragen sich: Wo kommt er her?
Was macht er da? Wer ist das? W e r?

Er schweigt sich durch bis in Ihr Herz,
da merken Sie, am großen Schmerz,
dass Sie unsterblich sich verliebt
und fragen sich, wie es das gibt.

Er hing doch stets nur völlig stumm
und unscheinbar bei Ihnen rum.
Sie wissen nichts von diesem Mann,
der lautlos in Ihr Leben kam.

Das wird sich auch nicht merklich wenden,
sei denn, er redet mit den Händen;
ansonsten bleibt er weiter stumm.
Das muss nicht heißen, er ist dumm.

Er will halt lieber in sich sein;
die Welt lässt er da nicht hinein.
Wenn Sie nicht grade taub geboren,
wird's schon was Neues für die Ohren.

Doch hat die Ruhe auch was Gutes:
Man ist stets wirklich guten Mutes
mit diesem, der sich eingeschlichen,
denn er ist schrecklich ausgeglichen.

Sie wollen ihm im Leben nützen
und ihn vor allem Bösen schützen.
Doch er ist innerlich sehr stark.
Nur - hört man das halt nicht so arg.

Das Lauteste, was er so macht,
ist, dass er still und glücklich lacht.
Dieweil er nicht einmal laut singt,
weckt er beim Weibe den Instinkt,

der sonst für Babys reserviert,
der macht, dass jede ihn hofiert.
Drum muss vor Frauen man ihn schützen,
weil die ihn gern für sich stibitzen.

Schon oft wurd' einer weggenommen
wobei's zu keinem Wort gekommen.
Weil er, dieweil's die Frau bewegt
auch Partnerwechsel stumm erträgt.

Der Rührmichnichtan

Er ist, was nicht verwonderlich,
der, der am meisten sonderlich.
Stets wo er geht, baut er 'ne Mauer,
den Frauen laufen kalte Schauer

an ihren Rücken rauf und runter;
wer ihn mal sah, wird nicht mehr munter.
Er ist der Mann, der Bomben legt,
kaum man sich auf ihn zu bewegt.

Festungsgleich sein kleines Haus,
aus diesem geht er selten raus.
Und wenn, dann nur im Panzerwagen
und mit Gewehren, wie zum Jagen.

Selbstschussanlagen steh' n im Garten
und tun nur auf ein Weiblein warten,
das ganz naiv am Tore steht
und nicht von selber wieder geht.

Er sichert sich mit 'nem Radar,
in Härtefällen oft sogar
mit Bomben und Granaten ab
- da macht die größte Liebe schlapp.

Er gibt sich schmutzig, ungewaschen,
mit ausgebeulten Hosentaschen.
Er weiß nicht, was grad Mode ist,
er hält sie für den größten Mist;

für Geldverschwendung, Balzverhalten
- er will sein Geld für sich behalten
und will stets nur alleine leben
und auch in hohen Sphären schweben.

Ihn kann man nur ganz selten kriegen
- es sei denn, dass Sie Balken biegen.
Sie müssen wirklich knallhart sein
und dann auch lieb und nett und fein.

Sobald er Sie ein bisschen mag,
dann hol'n Sie aus zum großen Schlag.
Das Lachen ist die Hauptarbeit,
drum lachen Sie, wie nicht gescheit.

Lachen Sie ihn richtig aus!
Schon bricht der Zorn aus ihm heraus.
Weil er doch toll und soo gescheit.
Und damit ham'se ihn soweit.

Denn wenn er mit dem Streit beginnt,
sind Sie es, die das Spiel bestimmt.
Kaum ist der Kampf initiiert,
hat er Sie nämlich akzeptiert –

als Gegner und nicht nur als Frau
und merkt gar nicht, dass Sie das schlau
und hinterrücks lang schon geplant,
dieweil er wirklich gar nichts ahnt.

Geh'n Sie nie ein auf 'ne Versöhnung,
denn Ihre Chance ist die Gewöhnung!
Sie müssen ihn im Glauben wähnen,
dass Sie ihn ernst gar nie nicht nehmen.

Dann geh'n Sie eines Tages fort...
- er findet Sie an jedem Ort!
Denn schrecklich werden Sie ihm fehlen
und er tut sich zuhause quälen.

Da ist's so still, ist nicht ein Mann,
mit dem er sich jetzt streiten kann.
Sie sind ein Teil in seinem Leben,
und wenn er sich das zugegeben,

dann wird er nur nach Ihnen jagen,
dann wird er kommen, wird Sie fragen,
ob Sie ihn wollen lebenslang
und solang wird's auch meist sodann.

Der Familienvater

Von ihm denkt man: Das ist der Mann,
den jede Frau nur wollen kann,
denn schon als Knabe und beim Spiel
Wusst' er, was er mal werden will:

Papi und Vater und Papa,
drum sucht er 'ne Gebärmama.
Er will so um die sieben Töchter;
doch, nicht genug, des Weiter´n möcht er

mit Sicherheit ein Dutzend Knaben
und alle klug und stattlich haben.
Da schlagen Frauenherzen schneller,
da leuchten Mädchenaugen heller,

denn, wer sich so was wünschen kann,
ist wahrlich wohl ein guter Mann.
Doch muss die Frau das Kind gebären
und kann dagegen sich nicht wehren,

die Frau muss sich den Wehen beugen,
der Mann dagegen muss nur zeugen.
Er schwärmt vom Trappeln kleiner Schritte
und hört nicht die versteckte Bitte,

wenn seine Frau vom Müdsein klagt
"ich kann nicht mehr" des Öfter'n sagt.
Sie muss manch' Niederkunft erdulden,
bis sie ihm tut nicht länger schulden

die Kinderzahl, die er ersonnen,
eh' er sie einst zur Frau genommen.
Drum sucht er sich die Frau gut aus,
die er sich holt ins große Haus.

Kann er etwa bei ihr entdecken
ein recht gebärfreudiges Becken,
ist seine Wahl schon fast getroffen,
drum können Sie nur darauf hoffen.

Wenn Sie ihn also schließlich kriegen,
dann wird Ihr Ego er besiegen,
weil Sie, bis so zum zehnten Kind
halt nur Gebärmaschine sind.

Fast nie wird Liebe er erwähnen,
er tut nur recht viel Nachwuchs sehnen,
weil er, voller Komplex, als Mann
halt selber keinen kriegen kann.

Was Sie probieren, frech und kess -
er ist stets im Erzeugerstress.
Und zwischen Windeln oder Socken
werden Sie verzweifelt hocken,

sich dabei fragen, ganz benommen,
warum den Kerl Sie nur genommen.
Deshalb, falls so ein Typ Sie blendet
- Sie wissen jetzt, wie so was endet!

Der Musische

Das ist der Mann, der mit viel Geist
der schönen Künste sich befleißt;
sein Haar ist schütter, lang und kraus,
er lebt für sich, geht nicht gern aus.

Wenn er nicht grad ein Maler ist,
dann sicherlich ein Pianist,
vielleicht ist er auch ein Poet,
der schreibt, was ihm im Herzen steht.

So mancher schafft auch am Roman,
den er vor Ewigkeit begann,
und hofft, die Muse würde kommen,
wenn er von Rotwein ganz benommen.

Grad während er darauf tut hoffen,
ist ziemlich oft er stark besoffen.
Er hält sich schlecht, schlurft krumm und schief,
ist auch gewaltig depressiv,

er lässt sich ungeheuer geh'n,
das kann man riechen, nicht nur sehn.
In kreativen Augenblicken,
da wird er niemanden verzücken

da lebt er nur für die Idee,
er foltert sich, er tut sich weh,
er isst nicht, schläft nicht, tut nur trinken,
wenn ihm Inspirationen winken.

Kaum werden Pausen eingelegt,
er sich auf Kneipen zubewegt.
Entweder diskutiert er grade
oder steht schweigend am Gestade,

mit sich und seinem Bier zusammen.
Sie seh'n ihn und Sie steh'n in Flammen.
Und wagen sich voll in die Vollen,
weil Sie ihn gleich beschützen wollen.

Das fängt bei neuen Hosen an
- die er jedoch nicht leiden kann -
und endet meist beim Haareschneiden,
das kann er ebenfalls nicht leiden.

Drum gibt's dann auch mal Streit ganz heftig,
doch bald riecht er nicht mehr so deftig
und hängt nicht mehr so ziellos rum
- Sie krempeln ihn sich völlig um.

Doch eines Tages merkt er dann,
dass er nicht mehr wie früher kann.
Doch lebt er anders hier auf Erden
und möchte nicht verändert werden.

Dann ist er weg, oft in Sekunden,
und wird meist niemals mehr gefunden.
Oft möchte auch die Frau verzichten,
weil er durch all das viele Richten

und Waschen und die neuen Kleider
jetzt nicht der alte ist mehr, leider.
Was ihm dann schnell die Schmerzen lindert:
er merkt, Sie haben ihn behindert

und stürzt sich in die Kunst zurück,
bis irgendwann ein neues Glück,
ein neues Weib ans Ufer treibt,
bei der er dann ein Stückweit bleibt,

die ihn dann stützt und Mut ihm macht,
bei der es dann auch wieder kracht,
weil er aus Körperdrüsen dünstelt,
dieweil im Kämmerlein er künstelt.

Er hat für sich halt auserkoren,
dass er zu Höherem geboren
und wartet bis zum Lebensschluss
hauptsächlich auf den Musenkuss.

Das Charakterschwein

Dieser Mann geht über Leichen,
um wirklich alles zu erreichen.
Meist ist er klein und tut bescheißen,
er will dem großem Mensch beweisen,

dass er oho obzwar so klein,
und dass er kann noch besser sein.
Er zückt schnell die Visitenkarte
so, als ob jeder darauf warte.

Da steht dann ziemlich viel gedruckt,
auf dass man recht beeindruckt guckt;
doch kann er nichts, wird nie was werden,
er kann nur eines, hier auf Erden:

Er kann mit völlig leeren Händen
sein Gegenüber so sehr blenden,
dass dieser denkt: Der ist ja wer,
obwohl so kurz er kommt daher!

Das ist der Eindruck zu Beginn;
zieht die Bekanntschaft sich dann hin,
sieht man: Er ist ein kleines Licht,
und viel mehr ist er eben nicht.

Er macht sehr viel und nie was richtig,
hauptsächlich macht er sich nur wichtig.
Im Showgewerbe schafft er häufig,
dort ist der Typ ziemlich geläufig.

Er ist der klassische Narziss,
doch alles an ihm ist Beschiss.
Wer Stil und Geld hat, sagt das nicht,
doch er nie von was andern spricht,

als Geld und Titel, Hab und Gut,
und Größen, die er kennen tut.
Weil er halt gleich bei jedem läutet,
der für ihn eine Chance bedeutet.

So hat er meist in jedem Land
in seiner kleinen Hinterhand
so allerhand Verbindungen,
die er, durch üble Windungen

benutzt, um manchmal ohne Können,
am Ziel die Spitze zu errennen.
Doch kann er nichts, er täuscht ja nur,
er folgt nur der Beziehungsspur;

Doch auch die endet irgendwann,
und dann kommt er nicht mehr voran.
Macht dann auf Butterfahrten Witze
und denkt noch immer, er sei spitze,

und denkt noch immer, er sei groß,
und dass vorübergehend bloß
er hier verkaufe Schaffelldecken,
bis man ihn doch noch würd' entdecken.

Drauf wartet er dann lebenslänglich
dieweil er plaudert unverfänglich.
Und weil er so besonders lacht,
und weil sein Labern Eindruck macht,

verehrte manche ihn schon sehr
und lief sogar ihm hinterher.
Nun ist ein jedes holdes Weib,
das Männern sich und seinen Leib

anbiedernd nachträgt, ziemlich schaurig,
doch bei ihm ist das doppelt traurig.
Was Liebe ist, das weiß er nicht,
und wenn er einmal davon spricht,

meint er damit bestimmt nicht S i e,
denn so etwas empfand er nie.
Und wenn Sie kein Vermögen erben,
wird er Sie sicher nicht umwerben.

Doch sind Sie reich, millionenschwer,
dann schlägt er zu, dann kommt er her.
Ihr Geld, das gibt er gerne aus
und lebt gekonnt in Saus und Braus.

Drum, wenn er's sein muss, was schon schlecht,
dann stutzen Sie ihn gleich zurecht,
bis er, klein und kompakt schon fast,
in wirklich keinen Schuh mehr passt!

Das Ekel

Von ihm zu schreiben, das ist Pflicht,
doch mehr als Abschaum ist er nicht,
der auf den Wellenkronen treibt,
und der halt leider oben bleibt

im Lebensstrom, im Lebenskampf -
es ist, als steh' er unter Dampf,
der täglich ihn nach oben spült,
von wo aus er dann eifrig wühlt

am Lebensmut und Selbstvertrauen
von ungeheuer vielen Frauen.
Als Chef ist er bereits ein Drachen
- das Personal hat nichts zu lachen.

Er sieht die Frau als minderwertig
meint, nur der Mann allein sei fertig.
Die Frau hat niemals was zu melden,
und er spielt stets den großen Helden.

Er schreit sie an, er brüllt stets heftig,
die Birne rot, die Worte deftig.
Das Schlimmste ist, die meisten Frauen
wenden sich nicht ab voll Grauen.

Er kann im Zorn noch so sehr schreien,
sie werden immer ihm verzeihen.
Kaum, dass er etwas ruhiger wieder,
da lächeln scheu sie, brav und bieder

und sind erneut ihm sehr gewogen
- so ist's uns Frauen anerzogen!
Drum sieht man oft gespenstisch scheu
ein Weiblein, das dem Ekel treu,

verschreckt durch dunkle Gassen huschen,
nach Hause, um vor ihm zu kuschen;
und ihm vielleicht die Füß' zu küssen,
und was Sie sonst noch machen müssen,

so zwischen Haushalt, Kind und Küche
dieweil er brüllt zehn, zwanzig Flüche.
Am Morgen schon wagt man kein Lachen,
man bringt ihm seine sieben Sachen,

er ist vom Traum recht zornig noch -
ein kleiner Reiz, schon geht hoch.
Am Mittag ist die Supp' zu kalt,
der Wein zu warm, das Fleisch zu alt,

am Abend kommt nichts im TV,
drum schimpft er wieder seine Frau
und vielleicht auch die Kinder an
- man so den Abend füllen kann.

Nie ziert ein Lachen seinen Mund
- er ist zufrieden keine Stund,
stets gibt es irgendwas zu maulen
und man kann irgendwen vergraulen.

Doch so viel ungehemmte Wut
bekommt dem Magen meist nicht gut.
Er kränkelt und wird recht entzündlich,
so nimmt das Ekel meistens stündlich

Tabletten für die Magenhaut,
dieweil er weiterbrüllt recht laut.
Da gibt's nur eines, einen solchen
muss man ganz heimlich, still erdolchen.

Der Witzige

Er hat, sagt er von sich, Humor,
doch andern kommt das nicht so vor,
weil, wenn er einen Witz gemacht
meist nur er selber brüllend lacht.

Er hält sich für d i e Spaß-Kanone,
doch dieser Typ ist völlig ohne.
Er hängt sich ran und lässt nicht locker
- das haut den stärksten Mann vom Hocker.

Er merkt nicht dieses leise Raunen
und verströmt weiter gute Launen.
Er kichert blöd, er labert dumm
und gräbt an jeder Frau herum.

Das ist, weil er versichern will,
dass er nicht unsicher und still
auf and're Leute wirken tut,
denn eigentlich hat ihn der Mut

vor vielen Jahren schon verlassen
und er tut sich auch selber hassen.
So kommt's, dass grad sensible Frauen
oft jenem Spaßvogel vertrauen.

Sie merken, dass nach Hilfe funkt,
der Mann, der stets zum Mittelpunkt
in jeder Freundesrunde drängt,
dieweil er jedermann bezwängt

mit alten und mit neuen Witzen,
er quatscht im Liegen und im Sitzen.
Doch wie gesagt, ein zartes Weib,
fühlt ganz tief drin in ihrem Leib,

dass jener ihre Hilfe braucht,
der lacht und säuft und Kette raucht.
So kommt auch er denn unter'n Hut,
doch lange geht das niemals gut.

Denn er ist eine harte Nuss,
man mag verzweifeln, denn man muss,
ihn lösen von all den Komplexen,
die einst ihn taten so verhexen,

dass kaum, wenn man beisammen ist
er wieder startet seinen Mist.
Dass er stets gute Laune sprüht,
dieweil er innerlich bemüht,

nicht voller Angst davonzulaufen
und sich 'ne Tarnkappe zu kaufen.
Natürlich tut er Hilfe brauchen,
doch warum wollen Sie sich schlauchen?

Es gibt genügend and're Frauen,
die alle auch nach Männern schauen,
und auch ein Helfersyndrom haben
drum lassen jenen Sie den Knaben!

Der Prolet

Jener hat sich selbst gefunden:
Er weiß, er ist der "Mensch da unten",
doch trotzdem tut er selbst sich loben,
denn Schuld hat immer "der da oben".

Er teilt die Welt in Klassen ein
und will gar nicht weit oben sein;
dann müsste er ja zu viel denken
und and'rer Leut's Geschicke lenken.

Doch dazu hat er keine Zeit,
erst kommt die Schicht, dann ist's soweit,
dann kommt man heim und trinkt ein Bier,
und schmeißt sich, meistens kurz vor vier

in eine Jogginghose rein,
denn abends soll's gemütlich sein;
wenn er 'ne DVD sich leiht,
und dazu fährt, obwohl's nicht weit.

Sein Wagen ist schick und sportiv,
vom schweren Auspuff oft ganz schief.
Als Ausgleich schweißt er Spoiler ran,
die ringsherum man sehen kann.

Er schraubt auch sonst voll Freud' dran rum
und zahlt sich am Ersatzteil dumm.
Nie schafft er's bis zum eig'nen Heim,
er wird stets nur ein Mieter sein.

Doch dafür hat er Video
und Großbildschirm mit Stereo,
Computerspiel, Solarium,
all dieses steht bei ihm herum.

Bei so was lässt er sich nicht lumpen
- das Geld dafür tat er sich pumpen
und stottert's nun in Raten ab
- drum ist das Geld auch immer knapp;

Auch geht viel drauf für Wein und Bier
und täglich auch so an die vier
Pakete voller Zigaretten,
dann geht er manchmal auch zum Wetten,

damit vielleicht er einstens wäre
einer der Lotto-Millionäre.
Wenn ihm nach Sport dann steht der Sinn,
dann geht er schnell zum Sportplatz hin

und schreit und feiert voller Kraft
für seine Lieblings-Mannenschaft.
Zuhause gibt's dann nächtens Krach,
denn seine Frau, die ist noch wach.

Doch sonntags ist das dann vergessen,
da gibt's ein opulentes Essen
und hinterher geht man dann fort,
weil grad ein Festzelt ist am Ort.

Der Herrgott hat den Schnaps gemacht,
grölt man dort deftig, trinkt und lacht;
es fehlt zum Glück ihm dann kein Stück
und aus der Box dröhnt Volksmusik.

Dann ist er fröhlich und nicht still
- das ist Kultur, wie er sie will.
Stets tut er mit dem Volke laufen
und ballt sich wo zu einem Haufen,

wo grad ein Fass man angestochen,
und irgendwer tut Würstchen kochen.
Zweimal im Jahr fährt er weit fort,
fährt meistens an den gleichen Ort,

obwohl er zwar ins Ausland geht
bleibt er nur, wo man Deutsch versteht,
da sitzt er dann am Campingplatz
mit Radio und seinem Schatz,

mit Zelt und Grill und Wohnmobil,
ganz gleich, wo immer auch sein Ziel.
Nie ist er leis', stets grölt er laut
er nennt sein Weiblein seine "Braut".

Flieh'n Sie vor ihm, so schnell wie möglich,
denn das allein ist einzig löblich.
Und wird er auch ein wenig toben
- Schuld haben eh nur "die da oben.

Der Lahmarsch

Er hat fast nie zu etwas Lust;
mit ihm plagt Sie sehr bald der Frust,
er hat auch nie 'ne eigne Ansicht,
dafür 'ne meterdicke Dämmschicht,

die lässt nichts raus und auch nichts rein,
drum ist mit ihm die Frau allein,
auch wenn sie meint, sie lebt mit ihm,
denn er tut ständig das vorzieh'n,

was Ruh' gewährt und was bequem
- er ist der Ruhige mit System.
Er ist da und ist doch nie da
- man ihn zuhaus' nie stehend sah,

stets nur am Sofa, müde ruhend,
und meistens überhaupt nichts tuend.
Macht nie was und hat an nichts Freude,
er geht zwar gerne unter Leute,

um sich die Freizeit zu vertreiben,
und tut dort meist auch lange bleiben;
er spricht auch oft, dass er tritt ein
in irgendeinen Sportverein,

doch stets ist er zu faul dazu
und will nur eines - seine Ruh.
Was Sie auch wollen, was Sie fragen -
Hauptsache, er muss nicht viel sagen.

Denn Sprechen, das heißt auch was denken
und dieses will er sich gern schenken.
Kommt von der Arbeit er nach Haus,
ist's mit dem Lebenswillen aus.

dann schaltet er auf Winterschlaf,
ein Weib, das ihn erwartet brav,
wird bald frustriert und traurig sein
und lässt ihn irgendwann allein.

Das stört ihn aber auch nicht sehr,
ohne sein Weib, hofft er vielmehr,
würd' er nun viel mehr Ruhe haben
und könnte sich in Ruhe laben

an Bier, an Wein und auch an Flips,
an Fernseh'n und Kartoffelchips.
Sie hofft, dass sich das Blatt noch wendet
und es mit ihm nicht schrecklich endet.

Doch meist ist grade dies der Fall
dann steht am End' der große Knall -
und nicht mal dann fragt er: Was nun
Weil er zu faul ist, dies zu tun.

Er ist so hohl, so gänzlich leer,
doch selber merkt er das nicht mehr.
Und wenn Sie ihn sich auserkoren,
ham'se von vornherein verloren.

Der Brüllaffe

Viele Frauen machen Landung,
wo ein Fels ist in der Brandung.
Noch besser, wenn der Fels ein Berg.
Doch schlimm, wenn er halt nur ein Zwerg,

ein aufgeblähtes Steinchen ist,
der nichts macht, außer Riesenmist.
Wenn er sich gibt als starker Mann,
als glühend-brodelnder Vulkan,

und wenn, was da monströs verpufft,
nichts and'res ist, als heiße Luft.
Er meint, dass er nur wirklich Mann,
wenn er halt wirklich alles kann.

Er redet viel und macht sich wichtig,
und macht dabei nie etwas richtig.
Er weiß bei allem alles besser
und reizt drum oftmals bis aufs Messer

mit stundenlangen Stellungnahmen
- die gern er hält vor jungen Damen,
grad, weil er meint, es imponiert,
wenn er um nichts lang lamentiert.

Er redet Luft und merkt es nicht.
Auch nicht, wenn er sich widerspricht;
doch wehe, jemand tut es wagen,
ihm dieses ins Gesicht zu sagen,

dann schwillt die Ader, dann ist's aus
und schon knallt es aus ihm heraus
wie aus 'ner Flasche Sekt der Pfropf,
da brüllt er los, mit rotem Kopf.

Der Männlichkeitskomplex ihn quält,
drum denkt er, dass ihm etwas fehlt,
im Unterschied zum richt'gen Mann.
wenn irgendwas er mal nicht kann.

Doch auch für ihn gilt, was man spricht:
"Wenn Waldi bellt, dann beißt er nicht."
Drum, wenn er kläfft und stört die Ruh',
dann beißen S i e mal kräftig zu.

Danach wird er ganz friedlich sein
und zahm und still und winzig klein.
Er weiß jetzt, er braucht nicht so brüllen,
weil Sie durch all die vielen Hüllen,

die er zum Schutze aufgeblasen
in seinem wahren Ego lasen.
Er weiß, Sie kennen ihn zu gut
und wissen, dass aus Angst er tut,

was andere ihn fürchten macht.
Sie einzig wissen, dass bei Nacht
er zitternd in den Kissen schwitzt,
weil er so schrecklich ängstlich ist.

Der Sexprotz

Auf ihm liegt so was wie ein Sex-Fluch,
er ist der Typ mit dem Adressbuch
und hunderttausend Frauennamen,
die alle seines Weges kamen.

Fast krankhaft macht er jede an,
ist aus Prinzip nicht monogam.
Er meint, dass jedes Weib ihn kennt
und nennt sich selbst omnipotent,

gibt ständig an, wie viele Frauen
auf seine Qualität vertrauen.
Er ist der Star auf Ibiza,
Mallorca, Gran Canaria.

Und meist verbringt er vorzugsweise
in einem Club die Urlaubsreise,
da gibt es nicht viel Hüh und Hott,
da kommt man meist recht schnell zu Pott.

Er spult, getrieben von der Lust
und meist mit stolzgeschwellter Brust
am Strand herab so manche Meile
und hat stets ziemlich große Eile,

sucht, angetrieben von Hormonen,
stets, wo die jungen Frauen wohnen.
Ne feste Braut er niemals fand,
lebt triebgerecht auf 'nem Ei-Land.

Ob Facebook-Posts, ob Instagram,
von dort aus macht er alle an.
Sie folgen ihm, wie er sich pflegt
oder sich gepflegt bewegt.

Schon wirft er seine Schlingen aus
und holt sich Frau um Frau ins Haus.
Innere Werte hat er nicht;
ist auf das "Eine" nur erpicht.

Vielleicht, weil er außer "potent"
er gar kein and'res Fremdwort kennt,
vielleicht liegt's auch an seiner Jugend,
dass heute er kein Mann von Tugend.

Vielleicht wollt' er Lokführer sein
und schwor sich drum, so jung und klein:
"Wenn ich erst groß bin, seh' ich zu,
dass ich zum Zuge komm im Nu."

Weshalb er durch die Discos irrt
und ständig um die Frauen schwirrt.
Und wird, solange er auf Erden
bestimmt auch niemals anders werden.

Der Smarte

Er ist so ungeheuer smart,
er ist so aufreizend apart;
er hat den Knigge oft gelesen
und ist ein sehr charmantes Wesen.

Was er auch sagt, was er auch tut.
er macht das ungeheuer gut.
So wundert's einen nicht sehr arg,
dass mancher Frau all dieser Quark,

den er da stetig von sich gibt
vollauf genügt, dass sie verliebt
und mit ganz heißen Ohren schmachtet,
weil er auf sein Benehmen achtet.

Doch sie darf sich nicht blenden lassen,
wenn seine Hände fester fassen
und höflich ihr die Türen halten
und um sie schalten und auch walten.

Man sieht, mit manikürten Händen,
ihn öfters mal auf Messeständen;
man findet ihn auch im Verkauf;
da fällt er positiv meist auf.

Doch Vorsicht, denn er braucht den Umsatz;
drum dreh'n Sie um sich auf dem Absatz,
wenn er Sie in die Mangel nimmt
und seine beste Rolle mimt.

Beim allerersten Rendezvous
da trinkt er zwar auf Du und Du,
doch er wird stets Distanz bewahren -
das hat bewährt sich in den Jahren,

seit denen er die Frau'n umwirbt,
weil jede gleich vor Freude stirbt,
wenn endlich er den Angriff startet,
weil sie schon lange darauf wartet.

Und was für Sie dann Großerlebnis,
ist für ihn nur das Endergebnis,
von dem, was er sich ausgedacht,
damit er Ihnen Eindruck macht.

Er ist nur Hülle und Fassade,
gleich einer menschlichen Verlade.
Der Alltag wird im Smalltalk enden,
denn man kann's drehen und auch wenden:

Er hat nie wirklich was zu sagen,
tut man ihn nach der Meinung fragen,
merkt man, dass er auch die nicht hat;
dass hinter all dem, was so glatt,

tatsächlich sonst nichts and'res mehr
- zuerst wundern Sie sich noch sehr
ob dieser seelenlosen Hülle,
die durch die rosarote Brille

einst so enorm einmalig schien
- so ist er nicht, doch ham'se ihn.
Er lässt dem Schicksal seinen Lauf -
für ihn sind Sie der Schlussverkauf.

Denn er - was ich hier nicht verhehle:
er ist und bleibt 'ne Krämerseele,
ein glatter Herzensirreläufer,
der lebenslänglich nur Verkäufer.

Der Genießer

Was er auch trägt, er wirkt nie schick,
denn zonenweis' ist er recht dick.
Meist trägt er schwarz und schlabbelig,
damit er dort, wo's schwabbelig

die dicksten Ringe zart kaschiert,
weil er sich dafür sehr geniert.
Doch kaum hat Essen er entdeckt,
er sich schon seine Finger schleckt,

wenn zartes Fleisch er auch nur wittert
und dann voll Gier und Lust erzittert.
Er liebt sehr die Gemütlichkeit,
und isst und trinkt die ganze Zeit.

Er geht zum Sport nicht und nicht tanzen,
er füllt sich lieber gut den Ranzen.
Sobald am Bildschirm er was sieht,
es ihn zum Kühlschrank magisch zieht.

Er frisst und stopft ganz ungehemmt,
denn Selbstbeherrschung ist ihm fremd.
Natürlich will er schlanker sein,
traut sich drum in kein Schwimmbad rein,

stets ist im Stress er, schlank zu sein
doch lässt er stets Diäten sein,
kaum dass er richtig sie begonnen,
weil plötzlich und ganz unbesonnen

er auf was Süßes ist erpicht;
drum schafft er's auch sein Lebtag nicht,
mal schlank wie andere zu sein;
stattdessen zieht den Bauch er ein.

Oder versucht, mit einem Hemd
zu tarnen, was ein jeder kennt.
Er wird nicht gern fotografiert
weil ihn auch da der Bauch geniert

Manch' Weib schätzt grad am Schwergewicht,
dass er wie and're Männer nicht
stets fort zu Freund und Fußball tappt
und keine Frau ihn je wegschnappt.

Doch seine Frauen haben´s schwer,
denn er mag lebenslänglich mehr
das Essen und die Naschereien,
als jene Frau, die er tat freien.

Es ist mit ihm ein schweres Los.
Manch Weiblein fragt: Was mach ich bloß,
dass er genieße irgendwann,
die Gattin wie ein Ehemann.

Doch stets sein Körper was verdaut
- und damit ist Ihr Glück versaut.
Drum machen Sie sich's lieber leicht -
ein Mann bis 80 Kilo reicht!

Der Depressive

Er sieht Probleme allerorten,
tut seine Depressionen horten.
Für ihn sollt's neue Farben geben
- schwarz reicht nicht mehr in seinem Leben;

so düster malt er alles aus,
 klebt fest in seinem Schneckenhaus.
Er denkt sein ganzes Leben lang,
dass morgen schon der Untergang

der Welt bestimmt vonstatten gehe
und er am Rand des Abgrunds stehe.
Er ist drum ständig depressiv
und meint auch, alles gehe schief,

weil er ja ständig darauf wartet,
dass irgendwas nach rückwärts startet
und nicht gelingt und ihn zerstört;
dieweil er stur nach innen hört,

weil er auch fürchtet, dass im Innern
Bazillen an 'ner Krankheit zimmern.
Er fragt viel nach des Lebens Sinn;
drum trägt sein Geld er fleißig hin

zur Analyse, zum Psychiater,
der Lehrer ihm und Herr und Vater;
er tut nur, was ihm jener rät
- obwohl er meint, es sei zu spät,

noch irgendwas von vorn zu machen,
damit auch er kann einmal lachen.
Den Fernseher, den lässt er aus;
- da kommt zu viel an Leben raus.

Er blickt schon gern auf jene Scheibe,
solang sie matt und dunkel bleibe.
Da sitzt er dann und grübelt rum
und brächte sich am liebsten um.

Grad dieser Typ ist sehr verzwickt,
denn fast in jedem Weiblein tickt
der Drang zu einer besser'n Welt,
der Hang, zu helfen ohne Geld,

die Lust, ein Männlein zu verzücken
und ihn zum Schutz an sich zu drücken.
Da kommt ein solcher Bruder recht,
der meint, die ganze Welt sei schlecht.

Doch bald merkt jede Frau: im Herz
da ist auf einmal solch ein Schmerz.
Schon liebt sie ihn, grad wie verrückt,
dieweil er eben stets entrückt

und tief in Depressionen steckt
und nichts von Weib und Lieb' entdeckt.
Er merkt es nicht, sein ganzes Leben
drum kann's ein Happy End nicht geben.

Die Frau wird einen andern nehmen;
doch lebenslänglich wird sie sehnen,
den, der sich irgendwann erhängt,
weil er ja meint, dass keine denkt

an ihn und dass ihn keine liebt
- Sie seh'n, dass das ein Drama gibt.
Drum lassen Sie die Tür verrammelt,
wenn einer Depressionen sammelt!

Der Rockzipfelhänger

Bei diesem Mann ist eines klar:
er hat was, das ist wunderbar,
das beinah jede Frau anspricht;
nur, was es ist, das weiß ich nicht.

Auch and're fragen: was ist los,
und wie macht dieser Clown das bloß,
dass tolle Frauen auf ihn fliegen?
Denn meistens tut er die grad kriegen.

Er ist nicht schön, nicht elegant,
er ist nicht reich und nicht galant.
Er ist nur stets das schwarze Schaf,
obwohl er doch so schrecklich brav

und lieb und immer eifrig ist
und niemals irgendwas vergisst,
wenn es drum geht, was recht zu machen
und dabei nett und lieb zu lachen.

Er ist meist unter mittelgroß
- der Grund, warum er oft die Hos'
mit einem kecken Aufschlag trägt,
dieweil er an den Nerven sägt

von seinen männlichen Kollegen;
bei denen tut sich Mitleid regen
und sonst gar nichts, für diesen Gecken,
an dem sie mancherlei entdecken,

doch ganz bestimmt nicht Manneskraft.
Sie ahnen nicht, wie leicht er schafft,
dass manches Frauenherz er fängt,
dieweil er seine Schultern hängt.

Er ist ein unbeschrieb'nes Blatt
so meint man, doch er wird nicht satt,
die Frau'n begeistert zu belächeln,
nach jedem Rockzipfel zu hecheln.

Er lässt die Frau'n voll Glut entflammen,
das macht vor allem er bei Damen,
die volles, langes, schwarzes Haar,
die noch sehr jung und wunderbar.

Das traut ihm wirklich keiner zu,
weil er halt immer so voll Ruh
und überhaupt nicht männlich scheint,
dieweil in seiner Brust er eint

zwei Seelen, jeweils schwarz und weiß,
die eine kühl, die and're heiß.
Die eine lässt ganz brav ihn sein,
die and're kuckt stets hinterdrein

all dem, was jung und knackig ist,
dieweil sein Weib er nicht vergisst.
Solang er nach 'ner andern schielt,
umfasst er sie, meist sehr gezielt,

und reizt gekonnt ihr zarte Zonen
- dies Streicheln kann sich für ihn lohnen,
denn eine Frau, die so berührt,
glaubt nicht, dass er grad and'res spürt

und mit dem Blick woanders ruht,
als dort, wohin er greifen tut.
Doch wenn man ihn dann länger kennt,
weiß man, wo Blick, wo Finger rennt.

Sie merkt nie, dass sein Blick entgleist,
und dass er ständig sie bescheißt,
Er tätschelt Schulter ihr und Knie,
geht keinen Schritt je ohne sie.

Zuhause, da geht man konform,
ist i h r e Macht schon sehr enorm.
Doch er liebt eh das stille Sitzen
und träumt davon, heiß anzublitzen

ein junges Mädchen, das ihn liebt,
dieweil er einen Patscher gibt,
der Ehefrau, die grad nicht weit.
So wiegt er sie in Sicherheit,

Drum lassen Sie ihn lieber sitzen
und in 'ne and're Richtung blitzen
und suchen schleunigst Sie die Ferne
und ham'se einen andern gerne!

Der Sportler

Es gibt von Sportlern allerorten
ein paar ganz differente Sorten.
Die schlimmsten sind jedoch von allen
die, die stets nur von Mannschaft lallen.

Es scheint sie nur im Team zu geben
und Sport und Team, das ist ihr Leben.
Sie sind so fair, so chancengleich,
der Sportplatz ist ihr Himmelreich,

das Training, das ist ihr Zuhaus',
und ohne halten sie's nicht aus.
Sie sind mit jedem gleich gut Freund
weil einen ja der Sport vereint;

sie gehen auf im Heer der vielen,
weil ganz allein kann man nicht spielen.
Man kann sie nur im Plural sehen,
sie scheuen, singulär zu gehen.

Da gab es Frauen, die vermählt
und hinterher sich sehr gequält
mit Rätseln, wen sie denn da heut
aus dieser Mannschaft wohl gefreit.

Der Sportler strotzt vor Saft und Kraft,
weil er halt nie daheim was schafft.
Er ist ja nicht sehr oft zugegen,
er muss beim Training sich bewegen.

Kaum tun Sie einen Einspruch wagen,
dann wird er Ihnen deutlich sagen,
dass er halt nur 'nen Körper liebt,
an dem es nichts als Muskeln gibt.

Und schon hat er Sie ausgeschaltet
indem er sportlich Haare spaltet.
Die Frau bleibt ewig Zweitligist,
weil erster stets die Mannschaft ist.

Das müssen Sie bei Zeit kapieren,
dann tut Sie's nicht so derangieren,
wenn er sich männlich gibt und weich
und doch im Innersten zugleich

Ein Knäblein bleibt, das spielen will,
das ängstlich wird, wenn es ganz still
und nicht vor Kameradschaft braust,
das darum oft ins Training saust,

in die Geborgenheit der Menge,
das sich erst wohl fühlt im Gedränge.
Drum er Sie meist zur Probe nimmt.
Erst wenn bei Ihnen alles stimmt,

Sie mit der Mannschaft harmonieren
und ihn nicht an der Leine führen,
dann haben Sie ihn fast bezwungen.
Doch Guter Gott, wer will den Jungen!

Er turnt mit viel Elan durchs Leben
und Sie steh'n immer nur daneben.
Vor allem an den Wochenenden
frieren Sie mit klammen Händen

auf manch zugiger Tribüne
und schwören dieser Mannschaft Sühne.
Doch wird das Sporteln er nie lassen,
und Sie kriegen ihn nie zu fassen,

wie and're ihren Ehemann,
weil Ihrer stets entwischen kann
mit der Begründung, dass die andern
ja alle auch zum Training wandern.

Wenn Sie so viel Teamgeist hassen,
dann sollten Sie ihn lieber lassen
und suchen einen Eremit
- mit dem sind Sie nicht mal zu dritt!

Der Sponti

Auch er entstammt aus früh'ren Szenen,
tut daraus manch Zitat entlehnen,
Doch eh' er redet, wird gehandelt
und schnell nochmal die Welt verwandelt.

Er ist ein Mensch, der ganz spontan
stets ausprobiert, was er so kann.
Er schlaucht fast jedermanns Geduld,
denn letztlich hat er niemals Schuld,

an all dem Mist, den er so baut;
an all dem Zeug, das er versaut,
weil er mal wieder ohne Denken
irgendwas tat anders lenken,

als es bisher gelaufen war,
weil für ihn plötzlich sonnenklar:
Jetzt muss etwas gescheh'n, sofort!
Dann nimmt er schleunigst sich beim Wort

und macht, was ihm ins Auge sticht -
an Konsequenzen denkt er nicht.
Wie groß die Lust, wie groß der Spaß,
gewiss ist nur, es wird nie was.

Er ist auf Liebe nicht versessen,
und hat was Eig'nes nie besessen;
er ist auf Bindung nicht erpicht,
was lange währt, das mag er nicht.

Schnell muss es geh'n und ungeniert,
weil er halt schnell die Lust verliert
solang ein anderer noch plant,
hat er den Kopf schon durch die Wand.

Denn, sagt er, all des Lebens Würze
liegt ganz alleine in der Kürze.
Er ist nicht mal sehr arbeitsscheu,
doch selten seiner Arbeit treu.

Oft geht er morgens früh zur Bahn,
und kommt nie in der Firma an.
Weil er, wenn sich der Bahnhof zeigt,
spontan 'nen andern Zug besteigt.

Er schreibt dann rund zehn, fünfzehn Karten,
solange Sie zuhause warten.
Doch während er von Heimkehr schreibt,
ist klar, dass er spontan noch bleibt.

Klar leidet häufig so der Job,
doch lebt er halt gern ex und hopp.
Er jung fast jede Frau verzückt,
weil so spontan er und verrückt.

Tut and're man mit ihm vergleichen,
kann keiner ihm das Wasser reichen.
Stets steht er strahlend in der Mitte
und auf die allgemeine Bitte

fällt meistens schnell ihm etwas ein,
was lässt die Fete fetzig sein.
Doch werden all die andern Knaben
einst mal genug geblödelt haben.

Nur: er bleibt Säugling ewiglich
- ihm fehlt das inn're Über-Ich.
Wenn Sie ihn trotzdem kriegen wollen
fall'n Sie nur auf im Meer der tollen,

greifen Sie an, spontan, im Nu,
und schlagen Sie dann einfach zu.
Und zwar so schnell, dass er's nicht blickt
und kopflos, wie es ihn verzückt.

Das wird ihm dann schon imponieren;
doch kann auch schrecklich viel passieren,
und auch zu üblen Folgen führen,
wenn zwei so kopflos sich gaudieren.

Das kann dann schon so weit entarten,
dass plötzlich Nachwuchs Sie erwarten.
Doch kaum, dass Sie per Kind gebunden,
hat er was anderes gefunden.

Es kann sein, dass er nachts aufsteht
und schnell nach Zigaretten geht.
Dabei fällt ihm was Neues ein…
und schon sind Sie allein daheim!

Der Abenteurer

Meist trägt er einen Bärenzahn,
den man von fern schon sehen kann
auf der behaarten Männerbrust
und spricht auch stets mit großer Lust,

vom Dschungel und von Steppenbränden,
von Löwen, die mit eig'nen Händen
blitzschnell und sicher er getötet,
solang er noch ein Lied geflötet.

Er trägt an seiner starken Hand
'nen Klunker, den er selber fand.
Er kennt weltweit die schärfsten Frauen
und hat gelernt, sich Schnaps zu brauen.

Das war bevor er Schafe schor
und sich ein neues Leben schwor,
weil er erlitt die Höllenqualen
beim Schürfen damals nach Opalen.

Er weiß noch, wie der Sandsturm war,
lang nach Paris, kurz vor Dakar.
Von früher spricht er und der Ferne,
- er spricht darüber viel und gerne.

Wenn man ihn trifft, ist er erfahren,
ein Mann dann in den besten Jahren.
Nachdem er so lang tat entsagen,
tut er's jetzt bei den Frauen wagen.

Zwar wurden seine Haare lichter;
doch redet viel er und verspricht er,
besiegt so seine Konkurrenten -
er geht nie ab mit leeren Händen.

Er wird nicht an Geschenken sparen
und nimmt Sie schnell, mit Haut und Haaren,
so wie es einst auch ging den Tieren,
die jetzt bei ihm den Boden zieren.

Und eines liegt, lang hingestreckt
quer über seinem Doppelbett.
Darauf er Sie dann zart berührt
und Sie auf diesem Tier verführt.

Schon hat er Sie im Sturm genommen
und kann auch nicht genug bekommen.
Er hat sehr Angst, Sie laufen fort,
doch gibt er's zu mit keinem Wort.

Stets ist er wie ein Hund, der läufig,
rennt heimlich aus dem Hause häufig;
dieweil die Midlifecrisis ihn
gewaltig tut am Zaume zieh'n,

Es wird ein Abenteuer werden,
ihn festzuhalten auf der Erden,
wenn wieder er 'nen Höhenflug
und fort will mit dem nächsten Zug.

Und dann wird Ihnen plötzlich klar,
dass er vielleicht gar niemals war,
an jenen Orten seiner Jugend
- weil Wahrheit ja nicht seine Tugend.

Ihr Misstrauen gärt Jahre lang,
dann fangen Sie das Reisen an.
Sie reisen in den Orient
und merken, dass dort keiner kennt,

den Ihren, der zuhause sitzt
und in den Wechseljahren schwitzt.
Sie fahren dann ganz weit nach Westen,
doch da hielt er Sie auch zum Besten

- kein Nugget, den er selber fand,
kein Zuckerrohr in seiner Hand.
Er hatte nirgendwo 'ne Braut
- er hat nur Äpfel oft geklaut

beim Nachbarn und sich vorgestellt,
er sei ein großer Westernheld,
mit dem man Pferde stiehlt und mehr
- doch fürchtete er Pferde sehr.

Schon damals, als er sieben Jahr
und noch zuhaus' bei Muttern war.
Er spricht die Wahrheit, schwört er sehr,
da merken Sie, er weiß nicht mehr,

dass er sich all das ausgedacht,
was ihn zum großen Helden macht:
Die Tiere, die lang ausgeschnauft;
hat er bei einem Zoo gekauft.

Er tat nur an die Wand sie schrauben.
Doch - lassen Sie ihn in dem Glauben!
Die Jahre nach dem großen Knall,
die werden schwer, in jedem Fall.

Verwirrt und alt wird er dann sein,
geplagt von vielen Zipperlein;
Sie müssen ihn zuhause pflegen
- und dazu ham'se meinen Segen!

Der Zwergenwerfer

Er selber ist zwar ziemlich derb,
doch ihm sind alle Frau'n zu herb,
weil sie dem Manne nicht mehr dienen
mit zart geneigten, braven Mienen.

Denn eine Frau, so meint er ja,
ist nur für Haus und Haushalt da.
Ein Weib, sagt er, muss häuslich sein
und zart und schlank und handlich klein.

Er will 'ne Frau, die sparsam ist
und deshalb auch nicht sehr viel isst;
die zierlich ist, so spart er Stoff,
wie er sehr rationell auch hofft.

Da Frauen wie sie hierzulande,
nicht knüpfen wollen zarte Bande
mit ihm, weil er sie eh missachtet,
er meist nach and'rer Lösung trachtet.

Auch, weil er fürchtet, dass am Ende
nach treuem "Ja" schnell kommt die Wende;
dass sie nicht spart und Geld verschwendet,
dieweil auch meist ihr Bravsein endet.

Sie wird dann fordernd, geht aufs Ganze
und zu 'ner lästigen Emanze,
die Kaffee trinkend bald schon hört,
wie man den eig'nen Mann zerstört.

Deshalb sucht er zum Zeitvertreib
sich nun ein bombensich'res Weib,
das lebenslang ihm untertan,
das keusch und scheu und voller Scham.

Aus jenem Lande ganz direkt,
wo man das Lächeln einst entdeckt
lässt er sich Kataloge schicken,
vergleicht in dünnen und auch dicken.

Er will nicht zu viel investieren,
die Ehe soll sich ja rentieren.
Er freit nur, dass es wirklich nutze,
zu spar'n die Kneipe und die Putze,

den Imbiss und den Waschsalon
und Frau'n, die er besuchte schon.
So mancher fliegt auch selbst gen Osten,
weil so die Frau'n noch wen'ger kosten,

wenn man sie selbst nach Hause bringt,
sofern der Handel auch gelingt.
Manch einer ordert aber nur
und macht's auf die bequeme Tour.

Holt dann die zarte Lotusblüte
am Airport ab voll Stolz und Güte
und zeigt ihr, kaum zum Flugzeug raus,
wer denn ab jetzt der Herr im Haus.

Sein Weib schließt er zuhause ein,
damit das Haus wird sauber sein,
wenn er des Tages Müh' entronnen
und noch zwei Bier am Eck genommen.

Und sonntags führt er denn die Kleine
ein Stück spazieren an der Leine;
da muss sie sein dann sehr exotisch
und soll auch wirken sehr erotisch,

wenn nachmittags die Kumpels bimmeln
und alle seine Frau anhimmeln,
dieweil sie alle Sportschau glotzen
und biergefüllt am Sofa strotzen.

Falls Sie auf diesen Mann erpicht,
dann sei'n Sie froh, er will Sie nicht!
Sie sollten niemals um ihn trauern;
stattdessen seine Frau bedauern!

Der Partyhopper

Mit sich so zwischen vier, fünf Mauern
tut, wenn es still ist, er erschauern.
Kaum kommt zur Haustür er herein,
bedauert er schon, dass daheim.

Er fühlt sich wohl fast nur bei Festen,
da geht es ihm am allerbesten.
Er will den Lärm und auch den Trubel -
das kostet ihn zwar manchen Rubel,

doch will er halt nur wenig Ruh,
springt morgens aus dem Bett im Nu.
Auch Samstag, Sonntag hat er Eile,
aus Furcht vor zu viel Langeweile.

Er schleppt Sie oft zum Städtebummel
oder zu einem großen Rummel.
Wenn irgendwo ein kleines Fest,
verbringen dort Sie dann den Rest

von einer kleinen Einkaufspause,
dann geht's schon weiter auf die Sause.
Auch isst er mittags nicht daheim -
es muss die neue Kneipe sein,

danach ist Kino angesagt,
dann schleppt er Sie, ganz ungefragt
auf eine Party und zum Tanz
damit, wenn es nicht zehn noch ganz,

Sie dann noch in die Disco hüpfen
und dort auch noch Kontakte knüpfen.
Stets hat er Angst, dass irgendwo
die Menschen ohne ihn sehr froh.

Stets fürchtet er, was zu versäumen,
tut ängstlich oft davon schon träumen.
Er fühlt sich wohl nur in der Masse,
denn er hat ziemlich wenig Klasse.

Zu Anfang denken Sie: Oho!
Das ist ein Mann, der immer froh,
das ist ein Mann mit viel Elan!
Erst später merken Sie sodann:

Er weiß mit sich nichts anzufangen,
ist drum alleine meist befangen.
Und hat er einmal keine Eile,
dann ganz bestimmt viel Langeweile.

Alleine ist er innen hohl
und weiß nicht, was er machen soll.
Drum will er Cluburlaub erleben,
weil kurz die Zeit des Urlaubs eben.

Und fürchtet drum stets wie ein Kind,
dass er nicht da, wo and're sind.
Stets läuft er mit dem Haufen mit
und gibt sich niemals selbst 'nen Tritt.

Drum ist's ein Leichtes, ihn zu kriegen,
weil all die Frau'n nicht auf ihn fliegen,
die er hat im Bekanntenkreis,
weil jede darin lang schon weiß,

man ist für ihn nur die Begleitung
und gleitet unter seiner Leitung
von hier nach da, von Fest zu Fest
auch wenn das Ihnen gibt den Rest.

Er will nur eins: Schnell Hochzeit machen,
mit Gästen auf der Party lachen.
Nach spätestens drei Ehejahren,
wird Langeweile Sie erstarren.

Wenn Sie dann geh'n, dann ist's soweit,
dann sind Sie älter und gescheit;
Sie wollen keinen, der mal schnell
nach Haus´ kommt wie zur Haltestell':

zum Warten auf die nächste Bahn.
Sie suchen sich dann einen Mann,
mit dem man sitzen kann zuhaus'
und gehen sicher nie mehr aus!

Der Kneipenhocker

An sich ist jener weit verbreitet,
was einen zum Verdacht verleitet,
dass er ganz simpel, klar und einfach,
doch gibt's den Typen halt gleich dreifach.

Es gibt den ganz gemeinen Säufer,
der eigentlich ein Irreläufer,
der kann zuhaus' preiswerter saufen
und muss nicht in die Kneipe laufen.

Er wird meist auch vom Stammtischmann
so ignoriert, wie der nur kann,
denn Stammtisch ist die hohe Form
Geselligkeit abseits der Norm.

Da gibt's etwa den hochstudierten,
der fängt so an im vierten
Semester oder später,
besinnt sich auf die Väter

und auf des Mannes ganze Kraft,
die einzig liegt im Gerstensaft.
So manche Nacht er froh durchzecht,
da ist's am andern Morgen recht,

dass in der Uni keiner kleinlich
und Fragen stellt, die schwer und peinlich.
Nach zehn Semestern oder mehr
kommt meist recht müde man daher.

Die Kraft ist fort, der Bierdurst blieb,
inzwischen säuft man wie ein Sieb.
Das Bafög reicht schon lang nicht mehr,
der Bierbauch jedoch, der wächst sehr.

Gut, wenn dann Papa löhnen kann
für den Gedeih vom Sohnemann.
Und Mama denkt, er sei sehr fleißig;
erst wenn er dann, mit fünfunddreißig

noch keinen Abschluss hat erreicht,
und Vater dann die Kohle streicht,
dann tut er krank und schlecht aussehen
und ganz ohne Beruf dastehen.

Dann, wie man weiß aus sich'ren Quellen,
säuft er sich ab die Hirneszellen.
Dabei heißt es in klugem Kreise
der Stammtischmann sie richtig weise.

Das ist der dritte Mann im Bunde,
der gerne sitzt in Mannesrunde,
denn dort am Stammtisch in der Nacht
wird wahre Politik gemacht.

Weil nach dem fünften Bier sogar
der dümmste Bauer sieht ganz klar,
wie man das Leben besser lebt.
Darauf man gleich noch einen hebt.

So manch' Minister stammt auch her
von einem Stammtisch, von dem er
einst loszog, um die Welt zu wandeln.
Doch konnt' auch er stets nur anbandeln

an das, was and're schon probiert
und ist heut zwar sehr etabliert
doch hat, seit er sich aufgemacht
nichts Neues noch hervorgebracht.

Der Nachteil ist, der Stammtischbruder
hat meist zuhaus' ein armes Luder,
mit der er nur höchst selten spricht,
denn Politik versteht sie nicht.

Man isst, man schweigt, sieht häufig fern,
hat nachts sich auch noch manchmal gern,
doch was ihn innerlich bewegt,
er nur auf seinen Stammtisch legt.

Nach dreizehn Bier ist's meist soweit,
dass man erlangt die Einigkeit,
die einzig ist auf dieser Welt,
weil alkoholisch hergestellt.

Der Umweltschützer

Dieser Mann hat viel zu sagen,
denn er weiß gut, was es geschlagen.
Er liegt nicht müd' zuhause rum,
er schleppt sich auf 'ner Demo krumm,

an Transparenten und Parolen,
die wirklich was bewirken sollen.
Es gibt den Schützer breitgefächelt
und meistens wird er sanft belächelt,

doch hat er halt herausgefunden,
dass es sich lohnt, manch freie Stunden
für seine Umwelt einzusetzen,
und nichts kann ihn noch mehr verletzen,

als ungehemmte Ignoranz,
denn, was er macht, das macht er ganz;
Im Geiste ist er ziemlich frei,
drum ist es ihm auch einerlei,

wie and're Leute ihn beschau'n
in seinem Outfit grün und braun.
Das nachts trägt er, zwecks warmem Schlafen
zwei Socken von Merinoschafen.

Wer äußerlich ihn nicht erkennt,
der hört ihn dann, wenn vehement
und lautstark er den Mensch verflucht,
der sich an der Natur versucht.

Meist fängt's beim zweiten Blick erst an,
dass Sie bewundern diesen Mann
und fangen an, wie er zu denken
und ihm Ihr kleines Herz zu schenken.

Er wird es sicher nicht beachten,
wie Sie nach ihm verhalten schmachten,
denn er hat so viel zu bewegen
- da müssen Sie sich lautstark regen!

Sie müssen sehr sich engagieren,
dann kann es immer noch passieren,
dass er Sie zwar als Mitglied schätzt,
jedoch privat kein Wörtchen schwätzt.

Wenn Transparente Sie beschrieben
und oft noch länger dageblieben,
dann bitten Sie, Sie mitzunehmen
zu einer schrecklich unbequemen

Früh-gegen-vier-Uhr-Exkursion,
wo er in Herrgottsfrühe schon
die Vögel sucht und registriert
und sie fein säuberlich kartiert.

Er nimmt Sie mit auf jeden Fall
und dort im Wald macht es dann "knall".
Von da ab geh'n Sie dann zu zweit
auf Demos und von Zeit zu Zeit

zu Vorträgen und Heidepflege,
auf dass als Paar man was bewege.
Mit ihm halten Sie manche Bande
und steh'n gesellschaftlich am Rande.

Sie beide wissen, irgendwann
fängt jeder Mensch zu denken an,
doch bis dahin sind Sie und er
der Gegenstrom im Lebensmeer.

Sie sitzen dann im Biohaus
und schau'n zum Ökofenster raus,
im Klo erzeugt man Biogas
und auch der Stromverbrauch macht Spaß,

weil man den selber sich erzeugt,
sich nicht den Industrien beugt.
Bedenken Sie, eh Sie ihn nehmen:
Er ist einer der unbequemen!

Ob's stürmt, ob's schneit, er demonstriert,
denn er ist wirklich engagiert.
Und keiner will Sie mehr verstehn,
die alten Freunde werden geh'n,

aus Plastikflaschen Limo trinken
und weiter mit den Autos stinken,
dieweil Sie eifrig Müll recyceln
und mit dem City-Bike rumbiken,

Ihr eigenes Gemüse züchten
und vor zu viel Verpackung flüchten.
Doch Sie für sich alleine wissen:
Die andern haben kein Gewissen,

die andern haben schlaffe Gatten,
doch Ihrer stellt Sie in den Schatten.
Sie geben Kraft ihm und auch Mut,
und irgendwann wird alles gut.

Der Karrierist

Kaum ist es fünf, schon steht er auf,
da startet dann sein Tageslauf:
Gymnastik, duschen, Zeitung lesen,
dazwischen schnell zwei Häppchen essen –

makrobiotisch ist ja klar -
danach ein wenig Halt ins Haar,
das Telefon, das funkt, im Arm,
läuft er zuvor sich joggend warm,

dann eilt er schon zum Büro, schnell,
um dort sogleich und auf der Stell'
erst mal zwei Stund' zu delegieren
und dann noch lang telefonieren.

Er ist meist ungewöhnlich fleißig
und meistens jünger noch als dreißig.
Hat oft beruflich schon das Sagen
und immer einen weißen Kragen.

Doch obwohl jung, ist er schon alt;
ihn lässt in seinem Leben kalt,
was andere sich fröhlich gönnen,
denn er tut nur die Arbeit kennen.

In noblem Kreis er sich bewegt
und ist entsprechend auch gepflegt:
Stets mit Krawatte, auch wenn's warm,
doch ist er an Gefühlen arm.

Meist werkelt er im Management,
man ihn auch an der Börse kennt,
macht öfters auch in Immobilien,
verkauft Appartements auf Sizilien.

Ein Reich aus Geld, das will er haben
und sich dann an dem Gelde laben.
Drum ist er rastlos, ohne Ruh,
kriegt kaum des Nachts die Augen zu.

Und ist er wirklich mal k.o.,
erholt er sich drei Tage wo.
Ganz auf die Schnelle kurt er da,
und nur da kommen Sie ihm nah,

weil nur da ist er kurz entspannt
und falls Gefühl ihn übermannt,
dann nur im Urlaub und nur so;
ganz aussichtslos ist's im Büro.

Falls er sich denn in Sie verliebt,
dann will er, dass es rasch auch gibt,
ein allgemeines Happy-End
und freit Sie schnell drum und behänd'.

Natürlich wird man Sie beneiden,
um diesen Mann, bei dem Sie leiden.
Tags ist er fort, nachts gähnt er schläfrig,
Sie sitzen rum im gold'nen Käfig.

Kein Wunder, dass am Tennisplatz
Der Tennis-Lehrer wird zum Schatz.
Ein wenig später der Masseur
und irgendwann auch der Frisör.

Dann macht es Ihnen nichts mehr aus,
dass Ihr Mann fast nie zuhaus'.
Erst nach dem dritten Herzinfarkt
kann's sein, dass er zuhause parkt.

Damit Sie dann nicht so sehr leiden,
lassen Sie sich besser scheiden,
kassieren zwei, drei, vier Millionen
- das tut sich noch am besten lohnen!

Der alternde Macho

Er hatte manche flotte Braut,
dieweil er ehrenvoll ergraut.
Obwohl er meist sehr angestaubt
und keiner Frau den Schlaf mehr raubt,

hat trotzdem er stets junge Dinger,
die wickelt jeweils um den Finger
mit seiner VISA gold, doch denkt,
dass dieses Kind sich ihm nur schenkt,

weil einzig e r ein wahrer Mann
und dass an ihm halt alles dran.
Den jungen, sagt er, fehlt Erfahrung,
die gibt der Liebe erst die Nahrung.

Er lebt in der Vergangenheit;
dabei ist heute seine Zeit
schon längst vorbei und nur durch Geld
hält er sich in der jungen Welt.

Nen ält'ren Mann wollen die Frauen,
erzählt er jedem im Vertrauen.
Ein Mann sagt er, wird niemals alt,
doch bei den Frauen lässt ihn kalt,

wer mehr als fünfundzwanzig Lenze
- das sei an Haltbarkeit die Grenze.
Mit dreißig sei es schon vorbei,
da müsste man aus einer zwei

mit jeweils fünfzehn Jahren machen,
damit der Mann hat was zu lachen,
tut er, im Arm ein Kind, gesteh'n;
die lässt ihn ziemlich alt ausseh'n.

Die Wahrheit ist, er fürchtet Frauen,
die etwas älter schon ausschauen,
weil sie an früher ihn erinnern
als er im Schmerze oft tat wimmern,

weil seine Mutter ihn verhauen.
Drum tut er keinen Frauen trauen
und sieht nur noch nach jungen Gören.
Und sollte dieses Sie sehr stören,

dann sollten Sie ihn ziehen lassen
und Mut bei einem Jungen fassen,
der, wie auch Ödipus vor Jahren,
nur Frauen liebt, die sehr erfahren.

Das wird Ihr Selbstbewusstsein heben
und Ihrem Teint ein Strahlen geben,
dieweil er ziemlich schnell abbaut,
denn in den Discos ist es laut.

Drum kann es sein, wenn er erst zittert,
dass er in Ihnen Jugend wittert
und wieder balzend Sie umgarnt
- doch diesmal sind Sie vorgewarnt!

Der Hochnäsige

Man hält ihn oft für ziemlich still,
weil er zumeist nichts sagen will.
Doch ist dies nicht, weil er zu schüchtern;
er denkt nur meistens ziemlich nüchtern,

dass - grad beim logischen Vergleiche
wohl keiner ihm das Wasser reiche.
Er meint auch, dass er sehr gescheit,
drum kommt es meist auch nicht so weit,

dass er mit andern reden tut
- dazu ist er sich viel zu gut.
Ihn freut nur, was er selber macht
- bei anderen er leise lacht.

Er kann mit mitleidsvollen Blicken
sein Gegenüber fast ersticken.
Kaum, dass er zynisch lächelt still,
wenn jener etwas sagen will.

Bei Frauen ist es anders dann,
ihn ziehen sehr die Starken an.
Er sucht 'ne Frau, die mit viel Stil
und eiskalt durchsetzt, was sie will.

Da sitzt man dann und schweigt sich an
und friert, auf dass man cool sein kann.
Man fragt zu Recht sich, was das soll,
doch jener findet sich halt toll.

Dagegen kann man gar nichts machen.
Drum hat die Frau auch nichts zu lachen,
die sehnsuchtsvoll nach jenem schmachtet,
obwohl er sie gar nicht beachtet.

Denn er nimmt ja nur Klassefrauen
und jene kann - ganz im Vertrauen
kein Durchschnittsweib jemals erreichen,
- kann bestenfalls vor Neid erbleichen.

Und bleiche Frauen sieht er selten -
er sieht nur solche, die was gelten.
Drum lenken leicht Sie Ihr Geschick,
und senken einfach Sie den Blick.

Wenn Sie den Blick nicht höher recken
werden Sie niemals ihn entdecken
da oben, wo er wandeln will...
und schon ersparen Sie sich viel!

Der Dickkopf

Sie sagen: Muh, und er sagt: Mäh.
Sie sagen: Jetzt, und er sagt: Ne!
Er sagt heut so und morgen so.
Hauptsache, dass Sie niemals froh

und dass es stets geht dem entgegen
von dem, was Sie grade bewegen.
Er diskutiert nicht gerne rum,
er hört nicht zu, er dreht sich um

und meckert oder schweigt und bockt,
ist immer ziemlich stark verstockt.
Wenn er was sagt, dann sagt er: Nein!
Doch meist macht einfach er allein,

was er grad will und fragt nicht lang,
- fängt nichts mit Ihrer Meinung an.
Mit ihm ist stets man ganz allein,
denn er will niemals so was sein,

wie gar ein Teil von einem Paar,
und er ist schrecklich sonderbar.
Wie Babys, so mit grad zwei Jahren
tut er nicht nur an Worten sparen,

er ist auch trotzig ebenso
und sagt nur: Nein! Und lacht nicht froh.
Er bleibt ein Kleinkind lebenslänglich,
doch was noch zu verzeih'n anfänglich,

wir zusehends jetzt dumm und schmählich,
denn aus dem Dickkopf wurd' allmählich
ein Mann, der ständig trotzig ist
- 'ne and're Ansicht kennt er nicht.

Und meist hat es auch wenig Sinn,
wenn man versucht, zu ändern ihn.
Meist liegt der Fehler in der Jugend,
als eine Mami voller Tugend

für ihren Knaben alles tat
und ihn dabei verzogen hat.
Die ihm gekocht sein Lieblingsessen
und von den Augen tat ablesen

fast jeden Wunsch, den er gedacht;
dabei hat sie aus ihm gemacht
'nen Typ, der unausstehlich ist
und den man besser schnell vergisst,

er wird verbockt durch's Leben treiben
und immer Mami's Bubi bleiben.
Wenn Sie ihn deshalb dann verlassen,
wird er auch wieder trotzig passen.

Auch dann die Scheidung braucht Geduld
- natürlich tragen Sie die Schuld!
Denn für ihn ist sonnenklar,
dass er ein guter Partner war.

Der Geizhals

Am Anfang ist die Liebe groß,
da braucht man sich und denkt nicht groß
an's Geld und ist nicht drauf erpicht.
Der Geizhals jedoch denkt so nicht;

er rechnet Tag und Nacht herum,
er nimmt den kleinsten Einkauf krumm.
Meist hat er seine Frau nicht lang,
denn ihm ist's um's Ersparte bang.

Vor größeren Familienfesten,
so rechnet er, ist es am besten,
die Freundin tunlichst zu verlassen,
dann kann man auch beim Schenken passen.

Dasselbe macht er auch im Winter,
da steckt die Weihnachtszeit dahinter.
Auch da will er die Gaben sparen,
verlässt die Frau, anstatt dass Waren

er kauft und ihr davon was schenkt,
weil er nur an den Mammon denkt.
Doch trotzdem hat er nichts dagegen,
wenn Frau'n statt ihm das Geld hinlegen.

Er nutzt die Frauen gerne aus
und zieht gern ein drum in ihr Haus.
Die meisten merken viel zu spät
- meist erst, wenn er dann wieder geht -

dass sie genährt an ihrer Brust
'ne Natter, die mit großer Lust
sich ohne allzu viel Bedenken
von dieser Frau ließ reich beschenken.

Dieweil sein Geld er eifrig sammelt
in einem Safe, den er verrammelt,
von dem kein Mensch je wissen darf,
weil er halt selbst aufs Geld so scharf.

Nachts, wenn im Dunkeln er allein
wirft er 'nen zarten Blick hinein
in jenen Schank und zählt sein Geld -
das ist für ihn das Glück der Welt.

Wenn einer leidenschaftlich geizt,
dann stets ihn nur die Knete reizt.
Da kommen Sie nie selbst zum Zug,
es sei denn nur mit Lug und Trug.

Das Geld wir Ihnen portioniert
und er sich dann noch immer ziert,
wenn sie um Haushalsgeld erst betteln
und er auf all den vielen Zetteln,

die Sie vom Einkauf mitgebracht
stets prüft bis spät in jede Nacht,
ob Sie auch alles eingespart.
- bei so was ist er eisenhart.

So kann man glücklich niemals werden
mit einem, der auf dieser Erden
den Boden fast noch rationiert,
auf dem man täglich rummarschiert.

Drum suchen Sie sich einen Mann,
der Ausgaben verkraften kann,
und der es liebt, die Schecks zu zücken
und Sie mit Gaben zu beglücken

Der Trendsetter

Der "Trendie" ist nun mehr ein Mann,
den man schlicht "Mann" nicht nennen kann.
Er ist die neue Rasse Mann,
die viel mehr, als die alte kann.

Und auch viel mehr von sich verlangt -
auch wenn ihm's letztlich keiner dankt.
Er trägt die Schultern stark wattiert,
ist psychologisch vorstudiert.

Sein Heim ist gänzlich chromverspiegelt,
seine Hosen wieder faltengebügelt.
Und manchmal trägt er sie knitterig
und färbt sein Haar, wenn das grad schick.

Er hat den An- und Ausziehtick
und Einblick und Durchblick und Überblick.
Sein mitteldurchschnittlicher Haarsprayverbrauch
steigert sich übrigens stündlich auch.

Man sprüht heut gekonnt und vehement
und auch nicht ozonschichtschutzgehemmt;
denn was nützt's, wenn man an die Umwelt denkt,
wenn darob das Haar schlaff und formlos rum-
hängt.

Und wird es modern, sich mit Dreck zu beschmie-
ren,
nicht mehr zu duschen, die Wimpern rasieren
oder die Nasen zu tätowieren -
er würde bestimmt auch das ausprobieren.

Er lebt halt im stärksten Trendsetter-Stress,
mal ist er knallhart, mal tänzelt er kess,
dann legt er noch Gesichtsmasken auf
und hebt Gewichte runter und rauf.

Er duftet gut, oft zwar zu sehr,
doch selber merkt er das nicht mehr.
Er redet auch viel vom Umweltschutz,
weil man ja schließlich was machen muss,

man will Natur, man will sie pur
und steht auch wieder auf Kultur.
Und wär's modern, zu Fuß zu gehen,
ließ er gleich sein Auto stehen.

Doch noch ist's modern, überall zu sein,
mittags gestresst und abends sehr fein.
Denn er macht wirklich alles mit,
auch wenn es nur der größte Shit.

Wär's trendi, wie ein Bock zu stinken
und mit dem linken Bein zu hinken,
wär's Mode, sich ganz fett zu fressen
- auch darauf wär' er gleich versessen.

Er macht stets alles, was man sagt,
solang nicht sein Verstand gefragt;denn der ist lei-
der ganz verkümmert,
weil er sich stets nur drum gekümmert,

was irgendwer zur Mode macht
und wo was los ist in der Nacht.
Sagt morgen mal 'nem Trendset-Mann,
dass er so nicht mehr bleiben kann,

der neue Mann sei kurzgeschoren
und würde in der Nase bohren....
Sagt dies mal einem - ohne Lachen -
ich schwöre Euch, er wird es machen!

Der Wandersmann

Er sieht Sie, und er muss Sie haben
- so fängt es an mit diesem Knaben.
Er liebt Natur, er liebt sie pur
und steht auch sehr auf die Figur,

wobei egal, ob dünn, ob dick,
ob elegant oder ob schick,
ob blond, braun, rot, ob alles drei,
für ihn ist immer was dabei.

Ihm ist auch allgemein ganz gleich,
ob eine arm, ob eine reich,
ihm ist auch wurscht, ob klug, ob dumm,
er tanzt um jede Frau herum.

Egal ist auch, ob alt ob jung,
er braucht halt die Bestätigung.
Wobei es auch nicht von Belang,
ob eine kurz oder ob lang.

Er ist vom Job her viel auf Reisen
und will sich und der Welt beweisen,
dass er halt einfach jede kriegt,
weil jede seinem Charme erliegt.

Dieweil er beinah krankhaft lügt
und nicht nur e i n e Frau betrügt.
Er ist nicht Fleisch und auch nicht Fisch
und keinesfalls mehr knackig frisch,

riecht stets nach and'rer Frauen Duft
und ist in jedem Fall ein Schuft.
Er ist der Typ, der gellend pfeift
und gern mal in ein Weichteil kneift,

wenn ihm ein Weib es angetan
- was ziemlich oft geschehen kann.
Bald weiß er nicht mehr Ihren Namen,
verwechselt Sie mit andren Damen.

Vergessen Sie den Wandersmann,
denn einer, der nur wandern kann,
der kommt niemals so recht zur Ruhe
und braucht dabei noch recht viel Schuhe.

Der Fetischist

So ist's im wahren Leben immer:
Am Ende kommt's noch schlimmer.
Er weiß stets klar und ganz genau,
was ihm gefällt an einer Frau.

Er sucht sie aus mit sich'rer Hand -
er sieht die Frau als Gegenstand.
Er hat stets irgendeinen Tick,
dem geht er nach mit viel Geschick.

Grad wie ein Stier nach roten Fetzen,
so tut er nach Signalen hetzen.
Ein Fisch lernt schon, wenn brennt ein Licht
geschieht was - und ansonsten nicht.

Und Pavlov hat herausgefunden,
dass es genauso war bei Hunden;
wenn das Signal kam, das erhoffte,
bei ihnen stark der Speichel tropfte.

Und jener meint, er hat Geschmack,
dabei ist bei ihm bloß auf "Zack"
das Unbewusste, das im Mann
zu manchem Unheil führen kann.

Wer weiß, wenn seine Triebe kämpfen,
der kann das Treiben in sich dämpfen.
Doch nicht so unser Fetischist,
weil er so programmiert halt ist.

Prägung ist dafür kurz das Wort,
man findet sie vor allem dort,
wo ziemlich nied're Lebewesen
durch ein Signal aktiv gewesen.

Drum gilt e r nicht als höh'res Wesen,
auch wenn er schreiben kann und lesen.
Deshalb, wenn einer ungefragt
Sie anquatscht und zu Ihnen sagt,

dass Sie die Frau aus seinen Träumen,
dann fragen Sie ihn, ob auf Bäumen
er aufgewachsen wie ein Affe,
weil er so tierisch dämlich gaffe.

Und lässt er Sie dann nicht in Ruh,
dann schlagen Sie halt einfach zu!
Ein Trigger-Schlag, der helfen kann,
weil er mehr Tier ist halt, als Mann .

Der geheime Frauenverächter

Grad dieser ist nun fast der Schlimmste,
er ist von allen auch der Dümmste.
Drum, falls Ihr Euch in ihn verliebt,
schaut stets, ob es nichts Bess'res gibt.

Er lacht sehr oft, er blitzt sehr viel,
treibt gern mit jeder Frau sein Spiel,
ist ausgesucht und meistens höflich,
man könnte sagen, fast schon döflich.

Doch, was er sagt, wie er auch scheint,
gewiss ist, dass er's nicht so meint.
Denn, wenn er auch von Liebe spricht,
er ist ein ausgekochter Wicht.

Sehr sportlich ist er und sehr wendig.
Damit das bleibt, trainiert er ständig
und überall, wo Frauen sind.
Er ist ein wahrer Wirbelwind.

Beim Schmachten und beim Augen-Blick
kennt er, der Profi, jeden Trick.
Von Anfang an wirkt er gefällig
und was geschieht, geschieht zufällig.

Doch kaum kriegt er ein Herz geschenkt,
er wieder an was and'res denkt.
Er sammelt Herzen aller Klassen
und er wird niemals davon lassen,

weil jeder Sport Trophäen braucht,
auch wenn er dabei Herzen schlaucht.
Ihn kriegen? Da gibt's einen Trick,
doch fordert dieser viel Geschick.

Bewundern Sie ihn, sei'n Sie nett,
sei'n Sie apart und sehr adrett.
Und wenn er meint, dass er Sie hat,
dann wenden Sie sich schleunigst ab.

Es wird zwar ziemlich lange dauern,
bis er beginnt, um Sie zu trauern,
erst wird er wirr sein und verletzt.
weil Sie sich einfach widersetzt.

Doch irgendwann erkennt er dann,
dass Sie so herrlich anders war'n,
Dann will er Sie, will Sie erreichen
und wird des Nachts Ihr Haus umschleichen.

Wenn Sie bis dahin es geschafft,
dann brauchen Sie noch etwas Kraft:
Jetzt braucht er Ruhe, Schutz und Mut,
dann geht's ihm bald schon wieder gut.

Sie sehen, er ist leicht zu haben,
man muss nicht tricksen, Haken schlagen.
Er ist im Grunde ein ganz kleiner,
doch wünschen will ich ihn hier keiner.

Das Genie

Für ihn mach ich gehob'ne Verse,
ihn kriegt man nicht mit diesen flachen,
die nacheinander sich nur reimen,
denn er will nur gescheite Sachen.

Er gilt bei allen als Genie,
meist war er schon als Kind sehr klug
und las die Bücher quer und oft
war er es, den der Lehrer frug,

wenn er selbst was nicht begriff,
drum wundert's einen nicht die Spur,
dass ´Jugend forscht` er auch gewann
und seine erste Professur

mit fünfzehn bereits innehatte,
dieweil er niemals Kind gewesen
weil er zum Spiel nie fand die Zeit,
er wollte stets viel lieber lesen.

Er hatte niemals Zeit für Frauen
und weiß nicht, wie man sie umgarnt,
er tat auch nie nach ihnen schauen
und ist drum auch nicht vorgewarnt

und beißt leichtfertig an die Leine,
die Sie als Frau ihm ausgelegt
und wenn er erst mal daran baumelt
er sich auch nicht mehr viel bewegt.

Er hat Sie und so soll es bleiben,
denkt er voll Logik sich im Kopf;
für's Wissen ist dann er zuständig
und Sie für Heim und Herd und Topf.

Trotz gutem Willen gibt's Probleme,
denn leben meist Sie recht getrennt:
was er so liest, versteh'n Sie nicht
und kennen nichts, was er so kennt.

Es stört Sie bald deshalb auch schon
sein geistiges Vermächtnis,
denn ist so überlegen stets
sein Fotograf-Gedächtnis.

Sie werden also dumm sich fühlen
und er sich geistig oft allein,
doch trotz der intellektuellen Hemmung
können Sie beide glücklich sein.

Denn wenn er denkt, dann wird er wirr,
verlegt viel Dinge, sucht herum
vergisst Termine, irrt durchs Haus
und scheint ein wenig dumm.

Derart zerstreut braucht er Sie sehr,
ist wie ein Kind so froh
wenn Sie ihm helfen, ihn beschützen,
denn ach, das liebt er so.

Drum lernen Sie, sich zu ergänzen:
Sie handeln und er weiß Bescheid.
Und lassen Sie ihn nie entfleuchen
- das täte ihnen ewig leid!

Der Handy-Hengst

Er lässt es nur ganz selten los,
steckt es hinten in die Hos´
oder ins Täschlein auf der Brust,
denn ständig hat er darauf Lust:

Kaum kommt ein neues Handy raus,
gibt er dafür Millionen aus,
liebkost den screen als wär er Haut
und dieses Handy seine Braut.

Er wirkt im Kopf stets überlastet,
weil er stets auf dem Handy tastet.
Er redet kaum, er will nur scrollen
und es gibt nichts, was er tut wollen,

denn alles hat er schon bestellt,
was es gibt auf dieser Welt.
Sein Handy, rechnet, recherchiert,
wenn ihn mal ein Problem geniert.

Es findet Antwort auf der Stell
und er vergisst´s dann wieder schnell,
denn sein Handy findets ja
bei Google, Wikipedia.

Drum hat er Zeit, ständig Selfies zu machen
und ständig auf diesen dämlich zu lachen
und Follower zu generieren.
Die tut es auch nicht groß genieren,

dass er Rechtschreibung nicht kann:
Dafür gibt`s Korrekturprogramm.
Doch denken und handeln tut es nicht geben -
scrollen und kucken, das ist sein Leben.

Nachrichten und Politik,
die drückt er weg mit einem Klick.
Warum sollt´ man sich damit lähmen
und sich sein Leben so vergrämen.

Er will nicht pure Fakten allein,
er möchte Wut und wütend sein,
dann weckt`s den Anschein, dass er was weiß,
wenn er dazuschreibt: "So ein Scheiß!"

Ob einer eitrige Pickel drückt
oder ein Zweikilo-Steak verdrückt
oder gegen ´ne Wand rennt wie verrückt -
er verfolgt alles verzückt.

Ansonsten soll`s bequemlich sein,
er schaltet aus und schaltet ein,
tut nach Menschen in Chatrooms sehen,
die mit ihm chatten und ihn verstehen,

Und immerzu schaut er ständig nach
was der digitale Freund grad macht.
Und macht die Onlinefreundschaft schlapp
schaltet er den Chat halt ab.

Und wird der Lebensstress zu viel,
dann wechselt er ins Onlinespiel.
Dort ist zu allem er bereit
weil Realität ihn halt langweilt.

Darum bevorzugt er ein Weib,
das einen digitalen Leib,
den er nach seinen Wünschen formt,
aus Teilen, die schon vorgenormt.

Statt sich Naturgewalten zu beugen,
zu kämpfen, zu überleben, zu zeugen
und seine Gene zu vermischen,
tut nur über´s Display er wischen,

sein Avatar-Weibchen anhimmeln
und allein im Zimmer zu verschimmeln.
Falls er durch Partnerbörsen wischt,
kann sein, dass er sich mal vermischt

mit einem Weib aus Fleisch und Blut,
doch lange geht das selten gut.
Denn eine Frau, bei ihm daheim
fühlt sich meistens sehr allein,

denn, auch wenn man sich gefunden,
verplempert er halt seine Stunden
in seiner Welt, die sechs mal zehn,
Zentimeter, bunt und schön

Vergisst sein Weib, weil er nur strebt,
nach dem, was andere erlebt.
Drum tun Sie schnell zum nächsten zischen!
- Der Handy-Hengst wird weiter wischen.